JN183800

ムネオの遺言

逆境から立ち上がる37の方策

はじめに

「ムネオの遺言」――タイトルだけ見ると、「あの鈴木宗男もついに観念したか」と受け取る読者もおられるかもしれません。

いやいや、私はまだ終わってはいないし、諦めてもおりません。今はまだ公民権の停止中ですが、２０１７年4月末にはそれも解けます。私は現在67歳。70歳まではまだまだ勝負ができると思っています。

私は小さい頃から政治家になるのが夢でした。縁あって中川一郎先生の秘書となり、大恩ある中川先生が亡くなったあと、「鈴木が中川を殺した」とバッシングされた逆風選挙で初当選して以来、ここまで激動の政治家人生を歩んできました。

30代で国会議員になる。40代で大臣、50代で党役員、そして60歳を過ぎてからが政治家として最後の勝負だ、と思っておりました。おかげさんで、35歳で国会議員になり、49歳で大臣になった。50歳で官房副長官、51歳で自民党の総務局長と、ここまでは順調にきました。そこから仕上げの段階に入るつもりでいたけれど、国会議員になってちょうど20年目に逮捕された。あの国策捜査がなければ、閣僚を何度も経験し、自民党では党三役も務め、今頃は政界でそれなりに重きをなす政治家になっていたかもしれません。

しかし私は後悔はしておりません。私はいろんな人に言います。「鈴木宗男を見れ」と。順風満帆から一転、逮捕、収監、ガンの手術と様々な出来事に遭遇した。どんな逆境にある人でも「絶対に諦めるな」と。天国と地獄を経験した鈴木宗男が「負けるな、頑張れ」と発信して参りたい。

人生は計算通り、思い通りにはいかないと改めて思います。松山千春さん、佐藤優さんはじめ、よい後援者に恵まれ、今日の私があります。感謝を忘れず、元気で生きていれば、必ず逆転があると信じています。

本書で私は自分のこれまでの人生を振り返りました。節目節目で、教えられたこと、学んだことがたくさんありました。こうした私の経験が、読者のみなさまのお役に立てるかどうかはわかりませんが、少しでもご参考になればという思いで、拙文を書き遺しました。

さて、私は新党大地の代表として、愛する日本と故郷のため北方領土問題、アイヌ民族の権利確立等まだまだやり残したことがたくさんあります。

これからが私の人生の最後の大勝負です。私は必ず国会に復帰し、もうひと働きする決意です。

目次

第4章 暗転「ムネオ疑惑」——検察そしてガンとの闘い

第5章

「どん底」刑務所暮らしから政界復帰へ　161

装丁　谷口博俊
(next door design)

第1章

足寄《あしょろ》に生まれ 政治家をめざす

1　「子供の頃の苦労は買ってでもすれ」——麦5米5の真っ黒いごはん

私は昭和23年1月31日、足寄《あしょろ》町大誉地《およち》で生まれました。

足寄という町は、今でも町村としては日本一面積が広いんです。香川県に匹敵するくらい。私が子供の頃の昭和30年代、人口は2万1000人だった。

3万人になれば市になる可能性があると夢をもっていた時代でした。しかし昭和37、38年をピークに下がっていって、今では少子化で7500人と3分の1になってしまいました。

私が住んでいた大誉地は、足寄の市街からさらに24キロも離れていた。農家をやっていましたが、30町歩あったから当時としてはけっこう大きい方です。多いときで5人くらい人を使い、麦、イモ、ビート、豆なんかを作り、馬や牛を飼っていた。

そうはいってても田舎ですから。昭和36年、小学校6年まではランプ生活で電気がなかった。だから今でも覚えてますよ、裸電球がパッと光ったときの驚きは。

その頃、ほや磨きといってね、ランプを磨くのは子供の仕事だった。新聞紙で煤《すす》を拭き取るんです。なぜ新聞紙かというと、これが生活の知恵なんですが、インク油がついているからよく磨ける。同時に、その新聞紙を朝の焚き付けに使うんです。

私の親父は宮城県の出身。明治生まれで農家の次男だった。

あの当時、次男坊はたいてい婿に行った。「糠《ぬか》三升持てば婿に行くな」というくらい、婿というのは肩身の狭い思いをするわけですね。それで親父は婿になるのが嫌で、親戚を頼って北海道に渡ってくるわけです。

お袋は帯広《おびひろ》生まれで、親父とは親戚の紹介で知り合った。当時、繊維の亜麻《あま》を作る会社に勤めていました。帝国繊維といって北海道を代表する企業でした。まだ絹が一般には出回っていなかったので、亜麻のワイシャツといえば最高級品です。

子供の頃、帯広にあったお袋の実家に遊びに行くのが楽しみでしたね。小学校時代、大誉地から帯広に行くだけでも半年くらい大変な話題になったものですよ。

帯広に行くのにざっと当時120キロ、汽車を乗り継いでの半日コースだった。「藤丸」っていう6階建てのデパートがありましてね。エレベーターがある。

こっちは乗ったことがないから、ボタンを押すのが恐ろしくて。閉まったら、いつ開くんだろうかという心配があって、もう階段上がって6階まで行った記憶がありますよ。田舎もんでしたから。

私は3人兄妹でした。兄貴が4つ上（昭和19年生まれ）で、妹が4つ下（昭和27年生まれ）。農作業はよく手伝いました。当時、学校が休みの日曜日・祝日は、子供心に雨が降ればいいなと思っていたな。雨が降れば仕事は休みで家で本読んだりするのが楽しみでしたから。

天気が良ければ畑仕事。ただ、やっぱり子供ながらにね、親の手伝いをすれば生活が豊かになると思ってました。

子供の頃は、麦ごはんでした。「子供の頃の苦労は買ってでもすれ」とよく言われますが、これが後年、活きるんですよ。

子供の頃、ごはんは麦5米5の割合ですから真っ黒なんですよ。今みたくジャーなんてないから、おひつに入れる。冬なんか、朝のごはんは夕方には凍ってしまう。暖房もなく、薪ストーブですから。

それが後に、逮捕されて東京拘置所、さらに喜連川《きつれがわ》の民間刑務所に収監されてもですね、麦2米8ですよ。真っ白いごはん。

昔はおかずといってても大根のしょっぱい漬物しかない。それとしょっぱい味噌汁です。それで黒い麦ごはんをかき込むわけですから。

それと比べれば、ここではおかずが付くし、温かいものを食べられる。

私は自分に言い聞かせましたよ。子供の頃よりここは贅沢だ、と。なにも心配はない、と。郷に入りては郷に従えで、環境変化に順応できました。

2 ものは言い様と思え ――「太陽と地球を担保にして金を作ろう」

大誉地では、うちより貧しい家が多かった。小学校は1年生から6年生まで学年1クラスしかないですから。どのうちが金持ちで、どのうちが貧乏か、だいたいわかっているし、いじめなんかなくて皆家族みたいなものでした。

うちなんかはまだましな方で、親がＰＴＡの役員やったりしてましたから、学校の先生も一目置いてくれていました。だから私は小学校、中学校の先生方には、今でもご厚情を賜っております。

中学の頃の兄貴の担任で、私も習った三宅宏先生は函館におられますが、私の後援会長をやっていただきまして今でもおつき合いがあります。小学校や中学校の頃の先生は亡くなった方が多いですが、そのご家族の方々とは今もつき合いがあります。やはり人情が厚い土地柄だったといいますか、ありがたいことだと思っています。

それで私が小学校の頃にいつも思っていたのは、朝早くから夜遅くまで親父もお袋も働いているのに、生活はいっこうに良くならない。それは何でだ、ということ。それで漠然と政治に関心を持つようになっていったんですね。

当時、ＮＨＫのラジオしかなかったんですが、そこから流れてくるニュースというのは、何か東京は華やかで、大誉地とはずいぶん差があるな、と。やはり反権力というのか、そんな思いが強く出てくるようになりました。

小学校5、6年の頃、大誉地小学校の大先輩で、藤本国男という、1人で「世界党」という政党を作り「総裁」を名乗って頑張っていた人がいたんです。衆院選挙や知事選挙に出ては落選を繰り返していたけども、大誉地小学校に毎年10万円ぶんの図書を寄付したり、福祉施設をやったりしていた。

子供心に「これは偉い人がいるもんだ」という感覚を持つわけですよ。当時、小学校で国際連合というものを習い、その事務総長がハマーショルドという人でした。国連が世界の統治機構というわけですから、事務総長が一番偉いと思っていました。それ以上に「世界党総裁」というのが郷土の先輩でいるというわけですから、たいしたもんだと思っていた。それもまた政治に関心を持つきっかけではあったんです。

それで中学1年のとき、国語の時間に「将来の夢」というテーマで作文を書かされた。そこで私は「政治家になる」と書いた。もっとも、そこまでの決意は自分自身でもあったかどうか覚えてなかったけれども、後に国会議員に初当選した翌年、中学のクラス会があり、当時の国語の藤原正義先生から「お前は夢を実現した」と褒められた。

藤原先生によれば、「政治家になる」しかも「国会議員になる」と確かに書いていたそうです。普通、子供の頃の夢を簡単に実現できるものではないですからね。

これは「世界党総裁」の後日談ですが。昭和58年、私が初めて総選挙に出るときに、選挙応援のお願いに行ったことがあります。実は、総裁は戦後の混乱期に闇物資で儲けた人で、その後もいろんな事業をやり、お金をもっていると聞いていたから。

そこで総裁は会うなり、「鈴木くん、金はあるか?」と聞いてくる。「金はないです」と答えると、「わかった、心配するな。すぐに用意する」といわれました。感激ですよ。やっぱり、これ田舎の先輩、ありがたいな、と思った。

そしたら、その次、出てきた言葉がね、「太陽と地球を担保にして金を作ろう」と言うのです。ああ、これは「出さない」ということなんだとガッカリしてね。でも、ものは言い様だと妙に感心したものですよ。

3 「負けてたまるか」の根性をもて

――「ゲソ高」「ポン高」「イモ高」とバカにされ

私は足寄高校の卒業生ですが、後輩の松山《まつやま》千春《ちはる》さんじゃないけども、頭がいいも悪いもないんですよ。なにしろ足寄町にはひとつしか高校がありませんから。隣町の陸別には全日制の高校がなかった。

足寄町も含まれる十勝地区では、帯広にある帯広柏葉《はくよう》高校が1番、帯広三条《さんじょう》高校が2番、この2校は十勝管内のなかでは伝統校で、一目置かれていました。

この十勝というエリアでは、われわれ足寄高校は、「ゲソ高」と言われていた。イカのゲソ（足）です。足寄の隣の本別《ほんべつ》高校は「ポン高」って言われ、中川一郎先生の母校、昔の十勝農学校、今の帯広農業高校は「イモ高」ってバカにされていたようです。

足寄から帯広へ高校のバッジを付けて行くと、柏葉、三条から「ゲソ高」ってバカにされる。しかしこれがまた、母校の結束力を高めるというか、選挙なんかでも「負けてたまるか」と根性があった。もう、足寄というだけで団結しますから。

小学、中学と成績はまあ良かったですね。でも、娘（鈴木貴子・現民主党代議士）にはバカにされるんですよ。

娘は小学校、中学校とも生徒会長。私は議長どまりなんです。だから、「小さいとき

から お父さんに勝った」と。私の頃は、小中学校とも生徒会長は皆の互選。議長だけ選挙があって立会い演説会をやる。そこで私は演説で勝ったように思います。

やっぱりその頃から話はうまかった。今でもクラス会やると、「やっぱり宗男ちゃんは小さいときから説得力があった」なんて話はしてくれます。

われわれの頃の足寄高校は1学年4クラス。当時は高校に進もうっていう人がまだ少なかった。中学のクラスの1/3くらいでした。いわゆる金の卵、中学を卒業すると、集団就職の全盛でした。それでもわれわれはベビーブームだったから、2倍の競争率はありました。

高校卒業時、大学にはとても進める経済状況ではなかった。

それで私は、釧路市阿寒《あかん》町にある三菱系列の「雄別《ゆうべつ》炭鉱」に、事務職で就職が決まった。私は、高校時代、硬式野球をやっていたので、その会社には準硬式野球部があったのも志望した理由です。

それに、私が卒業した昭和41年は、まだ炭鉱は「黒いダイヤ」の時代で、石油の時代が来るとは思ってませんでした。景気が良くて、やっぱり炭鉱といえば三菱や三井の系列で、しかも給料は良かったですからね。

当時高校の卒業式は3月10日でした。卒業式が終わると、今度は就職の準備で雄別炭鉱に行くことになる。

ところが、就職試験でジープに乗って、釧路の駅から2時間もかかって雄別炭鉱に行ったことを思い出すともう行きたくないわけですよ。なんだかんだ言っても、やっぱり東京に行きたかったんですね。

そして卒業式を終えた時、親父に言ったんですよ。「東京に行きたい」「大学に行きたい」と。

お袋は大反対で、お金がないんだし、就職も決まっているから「そっちで我慢して頑張れ」というのです。

だけどこれまた親父が偉かったね。「やってみろ」ということになったんですよ。

それで慌てて『螢雪時代』を開いたら、拓殖大学の2次募集があった。試験は3月29日。

今でこそ飛行機だけど、あの頃は汽車ですから、夜行列車に2回乗って、もう2日がかりです。朝、上野駅に着いて、そのまま茗荷谷《みょうがだに》の拓大に試験受けに行ったのを今でも思い出しますな。汽車の煙で煤けて、真っ黒い顔で試験を受けました。

それで試験には受かったのですが、すぐに手続きしないと入学できなくなってしまう。そのとき、親父が馬を売って25万円のお金を作ってくれたわけですよ。

あの頃、大卒の初任給が2万円ちょっとでしたから、25万円というのは大きなお金でした。そこで一番いい馬を売って東京に出してくれた親父によって今の私があるのです。

4 キャッチフレーズは大事 ――「道東のケネディ」

家業の農家は兄貴が後を継いでいたから、どっちみち私は家を出る運命だったわけです。

お袋は、サラリーマン家庭に育ち、自分も亜麻会社にいたものですから、やっぱり堅い会社に勤めてもらいたいと思っていた。

これがまた運命というのか、もし親父に無理言わないで雄別炭鉱に行っていれば、その後の人生はどうなっていたかわからなかった。雄別炭鉱は、その5年後には閉山です。

今は雄別林業という会社に衣替えしてやっていて、この会社の人によれば、今でも私の試験の記録とか残っているそうです。「間違いなく、うちの会社に受かっていた」と。

縁というのは有難いですね。今、うちの娘（貴子代議士）は釧路が地盤ですから、大変お世話になっています。私も、雄別炭鉱に入っていたら、労働組合の旗振り役をやって、社会党から立候補していたかもしれないと思うと、人生の巡り会わせとは、不思議なものです。

親父は、学校を中退して北海道に渡っているわけですから、だから自分のかなわなかったことを、息子にはかなえてやろうという気持ちがあったんだろうね。

当時、大学の入学手続きで、保証人がいる。ところが親戚も友人も、誰も東京に知り合いがいなかった。そこで出てくるのが中川一郎先生なんですよ。

大誉地に横田文治《ぶんじ》さんという獣医がおりまして。農家にとっては人の医者よりも貴重なんですね。家畜を往診してもらうわけですから。この横田先生が、十勝農学校で中川先生の先輩だったわけですよ。

男子校で先輩後輩の序列が厳しくて、「おい中川」なんて呼び捨てだし、中川先生は「はい、先輩」なんて最敬礼です。

この横田獣医が中川先生に、「君の選挙も一生懸命やってくれている鈴木さんというのがいて、そこの息子さんに大学の保証人が必要だから、なってやれ」と電話してくれた。当時、中川先生はまだ当選1期目でしたが、「先輩、わかりました」とね。この横田獣医の息子と、私は小中高と同級生なわけですよ。田舎ではもう家族ぐるみのつき合いでした。

当時、足寄高校から大学に行ったのは、２００人のうち短大も含めて10人くらいだったと思います。

私は人生を生きていく中で、「人生、出会い」という言葉をよく使いますけど、私の場合、やはり横田獣医をはじめとする多くの人との出会い、巡りあわせがやはり人生を左右したな、と思います。横田獣医が、たまたま中川先生の先輩であったということも幸運でした。

それで上京して中川先生に保証人になってもらうわけですが、私も田舎者ですから、直接、中川先生の自宅に行ったんです。議員会館に行くという知恵がなかったんです。当時、中川先生は中落合に住んでおり、住所を苦労して調べて行ったので、今でも覚えています。当然、先生は不在で奥さんがいた。それで議員会館に行って先生に会い、保証人の欄に署名してもらったんです。そのときが中川先生とは初対面。昭和41年のことですが、議員会館に入るなんていうのは、なんだか夢のような気分でした。

うちの親父は選挙の応援をやっていて、その影響で私は政治好きの高校生だったんですね。中川先生は昭和38年の当選。当時、中川先生のキャッチフレーズが「道東のケネディ」でした。あの頃は、ケネディ・ブームだったな。みんな便乗して、渡部《わたなべ》恒三《こうぞう》さん（元民主党代議士・元衆議院副議長）でさえ「福島のケネディ」だったんだから。もう日本中にケネディがいたというくらいにね。しかし、このキャッチフレーズというのは大事だなと思ったものですよ。

高校のときには中川一郎先生の名前を、「道東のケネディ」で覚えたようなものだけど、国会議員はとんでもなく偉い人だと思っていたものです。それが初めて会ったときに、「何か困ったことがあったら相談に来い」とか「いつでも時間があれば遊びに来い」とか言われた。

私はこれ、特別な言葉を掛けられたと思って感激したものですよ。でも、いざ私が政治家になったら、これ、「遊びに来い」というのは政治家の常套句なんですね。いやいや、当時、まだ純情でしたから。特別に声掛けられたと思い込んで、議員会館によく行ったものでした。

これがまた縁になってですね、私が行くときは、偶然、中川先生がいることが多い。そこで私は、昼ごろ行けば食事にありつけるということに気がついたんです。当時の仕送りが2万円ですから、一食100円、200円というのは大きかった。これは大変ありがたいことでした。

当時、月に1回、2回くらいは通ってました。中川先生は、「おい、一緒に飯食いに行くぞ」と言ってくれまして。議員会館の食堂に連れて行ってくれて、「好きなもん、食べれ」と。でも、中川先生はラーメンしか食べない。あと、かっぱ巻き。私はかつ丼とか、うな重とか、普段食べれないものを食べたいと思うんだけど、親分がラーメンだから、こっちも「先生と一緒でいいですよ」と遠慮する。中川先生は全然そんなことに気がつかなくて、「君は少食だね」なんて言われたものでした。

5 叩き上げは体で勝負する
――「中川先生にはよく怒られた」秘書時代①

大きな転機が親父の死でした。私が大学2年の時、5月の連休に家の畑仕事の手伝いで帰省していたのですが、それから東京に戻って1カ月後の昭和42年6月16日、親父が脳溢血で倒れ、亡くなりました。

その年の1月、黒い霧解散で中川先生は2回目の当選を果たしていました。国会が終わって、中川先生が家にお参りに来てくれました。そこでまた、「お父さんが亡くなって大変だろう。なんでも相談に来い。応援するから」と、こう温かい言葉をかけてもらいました。

これまた私はえらい感激しまして。それがきっかけになって、頻繁に議員会館に通うようになったんですよ。

そして昭和44年。国会は選挙ムードになっていた。暮れには選挙があるぞ、という雰囲気の中で、夏に中川先生が選挙区回りの際に実家に寄ってくれました。

私も帰省していましたが、そのとき、中川先生がお袋に、「息子さんを秘書によこさんか」という話をしてくれました。

ところがお袋は、私にそのことを言わないのです。9月1日に私が上京するというときに、「実は宗男、中川先生がお前を秘書にと言っていたが、母ちゃんは反対だ」と。堅い仕事についた方がいいと言う。

ところが私はいい話だ、やってみようかと、やる気を持った。そこで9月3日、さっそく議員会館に行きまして。そしたら中川先生は私の返事を聞く前に、もう先輩秘書らに、「今度秘書になる鈴木君だ。君らも知っていると思うけど、よろしく頼むぞ」と、こう言ってくれましてね。

これが大学4年の夏休み明け。もう学校の単位は全部取ってますから、それからはびっしり中川事務所で働くようになりました。

当時、中川先生の東京の事務所には、男の先輩が2人、女の人が2人いました。私は私設秘書で初めてもらった給料が4万円。仕送りが2万円でしたからビックリした。こんなにもらっていいのかな、と思って。ところがあとで気がついたら365日休みなしですからね。4万でも高いものではないと感じた。

最初の仕事はまず電話番。一番の仕事は中川先生が選挙区に帰るときについていく。いわゆるカバン持ち。

やっぱりこの仕事は向き不向きがあるし、代議士との相性というのがあります。中川先生は開拓農家の息子だし、私も農家の息子だったので、なんとなく似た育ちが相性が良かったことにつながったと思います。

後年、昭和58年1月に放映されたNHKの『ルポルタージュにっぽん』で、私のことを取り上げてくれたことがあるんですよ。

そこで中川先生が言うんですね。「代議士と秘書というのはまさに夫婦関係みたいなものだ」「相性が良くなければいけないし、お互い信頼が大事だ」「そういう点で鈴木君は自分のことを慕ってくれる。だから良い関係なんだ」というコメントがあるわけですよ。

秘書になって私の頭にあったのは、東大出ているわけではないし名門でもない。何で勝負するかといったら、体で勝負するしかないわけです。だから、先輩秘書は日曜、祝日は休んでいたけれど、私は休まず出勤した。とにかく体で勝負だと。

自分でも計算していましたが、中川先生も、やっぱり今までの秘書とは違うと受け止めてくれたんです。

やっぱり中川先生は迫力あったんですよ。北海道の羆《ひぐま》なんていわれて。だけど非常に人情味がありました。

厳しかったですよ、仕事は。中川先生にはよく怒られたし、先生は足技が強くて、よく蹴られたり、足踏まれたりしたもんだ。

連絡を忘れてよく怒られた。やっぱりホウレンソウですよ。報告、連絡、相談。これ、中川先生も秘書あがりだから非常に細かい。それと数字に強いから、お金が１円でも違っていてもわかるんです。「ここ違うのでないか」と指摘されたら、それもその通りなんです。だから非常に繊細な人でした。こっちも鍛えられて良かった。

中川先生には、秘書の中でも一番かわいがってもらったと自負しています。

6 まずは正直を一番の旨とする ――「親方がトイレに入ればケツを拭く」秘書時代②

秘書といえば私の修行時代です。私は親父に小さい頃から言われていたのが、「親方がトイレに入ればケツを拭くくらいの気持ちでないと信用は得られない」と。そう語っていたのを今でも覚えています。

木下藤吉郎の草履取りみたいなものです。私はただ仕える。どうやったら気に入られるか、どうやったら信頼されるかというのは、まずは正直を一番の旨とするということでした。その点でも、中川先生は、先輩秘書と比べたら「鈴木は全然違う」という判断をしてくれていました。

中川先生には、どこへいっても褒められました。「うちの鈴木はよくやってくれる」と。だから他の代議士の秘書連中からは、「中川先生は鈴木ばっかり褒めるから、まいる」と、よくねたまれたものでした。中川先生は、竹下登先生、安倍晋太郎先生、渡辺美智雄先生の前でも褒めるので。「鈴木を見習え」となるわけですから、私は秘書仲間の間では嫌われ者でした。

鈴木が人の倍も働くから、おれたちが比較されて迷惑だ、と。とにかく私は365日、休まなかった。新婚旅行で3日休んだだけですよ。それも結婚式の午前中まで議員会館にいましたから。

北海道から来た人が、「あれ、今日は鈴木君の結婚式じゃないのかい」って。「そうですよ」と答えると、「お前、ここにいていいのか」と言われたものです。

23歳で事務所の責任者になりました。昭和46年、公設第二秘書だった先輩が、道議会議員選挙に出るというので辞めた。もう一人いた先輩秘書も、中川夫人と喧嘩して辞めるんです。

それで公設第二秘書になった。第一秘書の名義は中川先生の奥さんですから、私が実質的に事務所の責任者になりました。

もう中川先生の頭の中には、鈴木宗男しかなかったと思います。中川先生は、新しい秘書が入ると「鈴木の言ったことはおれが言ったことだと思ってやれ」と言ってましたから。

地元の中川後援会の大幹部が、息子を秘書にしてくれと頼んできたときも、中川先生は「おれが使うんでない。鈴木が使うんだから、鈴木がオーケーすればそれでいい」と。後援会の大幹部ですから、普通は「もう喜んで」と中川先生も言えばいいんだけど、そのくらい私に気を遣ってくれていました。

それは私に対するひとつのプレッシャーでもあった。私の顔を立てながらも、いかに相手が後援会幹部の息子さんであっても、実質、仕事の実態は鈴木宗男が仕切っているのだから上手くやれよ、という話なんですよ。

当時、東京の議員会館が司令塔で、地元も含めて20人の秘書がいました。私は、もう中小企業の社長みたいなものですよ。しかも自分より全部年上。中川先生の2つ年下の人とか警察を定年退職間近で退職して秘書になった人とか、北海道開発庁で中川先生の先輩だった人もいた。しかし私は、年上でも全部にらみを利かせていましたから。

秘書を束ねられた秘訣は、四の五の言わせないくらい、とにかく私が働いたということ。他の秘書は土日休みますが、私は毎日出ているわけですから誰も文句が言えない。誰も真似できませんでした。

それとやっぱり中川先生の意向があります。「鈴木の言うことはおれの言うことだと思え」と強いしばりがあった。

私は性格的には激しい方ですが、中川先生の前では喧嘩はしなかった。それがバレてしまったのが、秘書になって4年目、中川先生がテレビ番組で政治家の宇都宮徳馬《とくま》氏と金大中事件をめぐって討論したときです。

番組中、宇都宮氏は中川先生に向かって、「中川たちは朴大統領から金をもらっているだろう。だから朴を擁護するんだろう」と根も葉もない発言をした。ちょうど、そこでCMになった。私は頭に血がのぼって、「この野郎！」って宇都宮氏にとびかかり、ネクタイを締めあげたんですよ。

そしたら宇都宮氏がスタジオの中を、逃げ回った。中川先生も、「鈴木、あいつ、やれ！」とか言って力、入っちゃって。慌ててテレビ局の関係者が止めに入ったんです。日本テレビの『11PM』での出来事でした。

番組が終わって、中川先生がしみじみ、「おい鈴木君、お前はきかないんだな」と。北海道弁で、激しいことを「きかない」といいます。それで私の激しい気性が中川先生にバレてしまいました。

秘書を辞めようと思ったことはありません。挫折はなかった。

秘書になって一番驚いたことは、事務所では先輩秘書というのは仕事を教えてくれないものなんです。森喜朗先生がのちに話してくれましたが、自分が立候補した時、秘書仲間というのは足は引っ張るけど協力してくれない。「いやあ、鈴木君はいい仲間をもって幸せだね」と言われました。狭い事務所の中でお互い牽制し合っている事務所が多いのが常です。

ところがうちにはそれがなかった。おかげさまでオープンな事務所で、結束していた。とにかく私の頭に強くあったのは、鈴木宗男が人一倍働けば、中川一郎は1番にはなれなくても、2番、3番には絶対なれる、と。そんな思いで働いていました。

総理大臣というのは狙ってなれるものではありません。その時の巡り合わせから間違ってなれる人もおります。

よく言われるのは鈴木善幸《ぜんこう》、宇野宗佑《そうすけ》、海部俊樹、羽田孜《つとむ》、村山富市《とみいち》、各総理がその最たるもので、さらには鳩山由紀夫、菅直人、野田佳彦《よしひこ》、麻生太郎、福田康夫、各首相にしても、党内での実力ではなく、その時の巡り合わせで偶然、総理になるケースだってある。

田中角栄先生が、「神のみぞ知る」と言っていました。角福戦争のとき、田中先生が福田赳夫《たけお》先生に譲っておけば、ロッキード事件に巻き込まれなかったと後にいわれている。年齢的にも若いわけだから、黙っていても田中角栄の時代が作れたのだからといわれた。

しかし田中先生は、「なれる時になる。譲ったからといって、なれるものではない」と言っていた。あのときの判断は間違ってなかったし、田中先生の確固たる信念だったと思う。

だから、私が頑張れば中川先生は必ず2番、3番になれる。そのうちに中川先生にも必ずチャンスが来るという気がしていました。

7　披露宴の招待状は山ほど出せ――「議員会館の山口百恵」

女房とは不思議な縁で知り合いました。

当時、私は学生の頃から板橋区上板橋《かみいたばし》にあるアパートに住んでおりましたが、同じアパートに住む知人から、後に女房となる佐々木典子を紹介された。

女房は昭和46年、大妻女子大の卒業で、就職先が内定していたのですが、その会社の都合で急に取り消しになったんです。それで知人から相談された。私の頭には、就職先といっても秘書しかないわけですが、中川事務所には女の子が2人いてダメ、入る余地がない。

ちょうど中曾根康弘先生の事務所に空きがあった。議員会館では、中川事務所とは隣の隣。中川先生が第1議員会館の720号で、中曾根先生が718号。

中曾根事務所に上和田《かみわだ》義彦さんという有名な秘書がいて、日頃、お世話になってましたから頼んでみた。そうしたら「うちで使おう」となって中曾根事務所で働くことになった。

ところが、その2カ月後、中川事務所の女性2人が、相次いで結婚することになり退職することになった。そんなわけでまた上和田さんにお願いして、中川事務所に譲ってもらったんです。

事務所に入ってもらうと、明るい性格で、字が上手で電話の応対もハキハキしている。たちまち中川先生が気に入って、事務所に来て2、3カ月もしないうちに、「お前ら2人、一緒になれ」というわけです。

私はまだ24歳で、全然、結婚するつもりはないし、向こうは向こうで、もっといいのをもらおうと思ってるわけだからね。中川先生の冗談のひとつくらいにしか思ってなかったんですよ。典子も私と同じ歳ですから、向こうもそんなに結婚を急ぐ話じゃない。

ところが事務所に勤めて1年くらい経ったら、回りから「結婚すれ、すれ」みたいな雰囲気になった。デートなんてしたこともない。中川先生と一緒にプロレスを何回か観に行ったくらいです。お互い、まだ時間的余裕があると思ってのんきに構えていたのが、だんだん、中川先生が会うたび、飲むたびにですよ、「お前ら早く一緒になれや」というもんですから。それで私は、「そんなもんか」「うん」という感じになりました。

プロポーズもしていない。女房はどう思っていたか。

ただ、女房は男の兄弟が３人いるんですよ。やっぱり私の働く姿には一目置いていたんじゃないかな。もう３６５日、仕事仕事で、女っ気なんて全然ない。私の仕事ぶりを見て、あ、これならば食っていけるという気がしたんじゃないでしょうか。

結婚披露宴をやろうかというとき、中川先生の言うことが面白いんだわ。「いいか、鈴木な、招待状だけはたくさん出しておけ」と。「来る来ないは別にしてな、必ずご祝儀くるから山ほど出せ」と。

昭和48年5月12日、結婚披露宴は京王プラザホテルのコンコードボールルームで行いました。着席で５００人、それは盛大なものでした。

中川ご夫妻が仲人で、主賓が当時、中川先生の親分株で北海道の代議士会会長だった篠田弘作《しのだこうさく》先生。他、挨拶したのが竹下登先生、渡辺美智雄先生、湊《みなと》徹郎先生、山村新治郎先生。皆、「典子さん（鈴木夫人）は中川貞子さん（中川夫人）を見習って、鈴木君はイッチャン（中川一郎）を見習って」なんて、だいたい決まり文句のような話をしていました。

女房は、秘書の頃は「議員会館の山口百恵」といわれていたんですよ。衆議院の職員で用事もないのに女房の顔を見に来た人が何人もいた。あと、木原美智子に似てるともいわれた。ショートカットにしてたから。

私は事務所では男も女もなく厳しく使ってました。中川先生は、男には厳しいけど女性には優しかった。

例えば、先生が色紙を書くときに、われわれが間違って墨をたらしたら、しこたま怒られた。女の子が失敗しても、いいよ、いいよなんて。全然違う！ と腹立ったわね。

私と女房、「美女と野獣」とは後に私の選挙のときにもいわれた。後援者に「鈴木宗男の女房が、清川虹子さんか淡谷のり子さんみたいなタイプだったら、票にならんかったが、ハッキリ言って。逆のタイプだから良かった」と。

地元の選挙参謀が、女房の顔見て、「これはいける」と。「鈴木宗男はギラギラしてとにかく激しい。その一方の女房は、楚々として女らしい。これは好対照でいい」と、ぴしゃっとそう言ったものです。

8 腹をくって頑張るしかない——「おれの手足をもぐつもりか!」

秘書をやりながら、自分の将来についてはこう考えていました。まず中川先生をそれなりの地位、立場にもっていく。そこで次に必ず自分にもチャンスが来るはずだ、と。私はやはり中川先生との信頼関係の中で考えていました。先生も、「おれのあとは鈴木だ」と言ってくれていた。それを中川先生のご兄弟も後援者も聞いており、後に私が立候補したときにご兄弟には大変お世話になりました。ただ、奥さんだけはそれを良しとしなかったわけですが。

自分で言うのもなんですが、私が頭角を現すようになったのは昭和47年から48年頃にかけて、グッと秘書としても存在感を示していました。

竹下登先生や安倍晋太郎先生からは「イッチャンとこは鈴木君がいていいね」なんて言われるぐらい。料亭にもよく呼ばれました。中川先生から、「竹下先生が来いと言っているからお前も顔を出せ」とか、安倍先生からも声をかけてもらった。

私はいつも遠慮していました。それは自分の分をわきまえていたからです。使われの身という、私の立ち位置をいつも忘れていませんでした。

そして昭和50年、私が27歳のときです。中川先生の地元十勝から「鈴木を道議会議員選挙に出せ」という声が挙がるんですよ。

当時、道議会議員を6期もやっていた人に世代交代の話が出ていました。この道議の存在が、十勝での中川後援会のなかでも気になっており、鈴木を出して地盤を固めれば、中川先生の選挙も楽になるというわけです。

地元から中川後援会の錚々《そうそう》たる幹部たちが上京してきましてね。

中川先生は4期目で2度目の大蔵政務次官を務めていた。その先生が、政務次官室で幹部連中を怒鳴り上げるわけですよ。「なにバカなこと考えているんだ！　鈴木のことはおれが考える」「地方議員なんかにさせない。貴様ら、おれの手足をもぐつもりか！」と。

もう大蔵省の役人たちがビックリするくらい大きな声でした。それでみんな、すごすごと帰っていったものです。

私はそれを聞いて、これは仕方ないな、巡り合わせだなと思った。そこまで中川先生が自分を気に入ってくれてるんだから、もうここは頑張るしかないと思ったんですよ。

それから4年後の道議会選挙でも私を推す声が地元で挙がったけれども、やはり中川先生が怒って流れた。

昭和50年の選挙では、私も若干、色気があったんですよ。27歳でしたから。最年少で道議になって、中川先生がトントン拍子で力をもっていけば、黙ってても参議院議員くらいにはしてもらえるかな、と。

でも、中川先生が後援会の連中をしこたま怒って終わり。挫折というよりも、逆に、私はもう、ここは中川先生についていくしかないという腹は固まりましたね。

秘書として一生懸命働いていれば、どこかで必ず中川先生がいい判断をしてくれる、そういう信頼はしておりました。

ところが、中川先生が亡くなって、一気に状況が変わってしまった。なんのために中川先生の秘書を13年もやってきたのか、と。後ろ盾もなにもなくなって、しかも今度は、罪人扱いですから。中川一郎自殺の原因、鈴木宗男と。

第2章

恩師中川一郎の死を乗り越えて

9 これもまた人と人との巡り合わせ——昭和58年1月9日、中川一郎死す

その日私は札幌パークホテルで、中川先生ご夫妻の向かいの部屋に泊まっておりました。

午前6時50分、奥さんの激しくドアをノックする音で起こされた。飛び出していったら、奥さんは「大変、大変！」と叫んでいる。

私は部屋に走って入った。そしたら中川先生がいた。いたというか、もう別の中川先生になっていた。

その日私は喜多《きた》龍一という秘書と2人で泊まっていました。奥さん以外で、その部屋に最初に入ったのが私と喜多だった。

中川先生は浴衣姿でした。とにかく何とかしなければ、という思いでいっぱいでした。

私と喜多で急いで先生を降ろし、ベッドに寝かせた。先生は90キロ近くあったはずだけど、全然、重さを感じなかった。

救急車を呼ぶ。そして、私はもう心臓を押したり、初めて中川先生の顔を叩いたりした。とにかく心臓マッサージをして刺激を与えないと、と夢中だった。

私の人生の中で、親父の死と同様に衝撃を受けました。まさか、中川先生が自死するなんて。中川一郎イコール元気者だから、夢にも思っていなかった。

前日、札幌パークホテルで恒例の新年会をやり、お開きの後、中川先生の部屋でラーメンを食べていたんです。私らも食事をしていないから一緒に食べた。先生は2杯目に手をつけ、その3分の1まで食べていた。

部屋にはご夫妻と私と喜多、札幌事務所の所長、それに後援者が2人ほどいた。先生はパーティで水割りを4、5杯ほど飲んでいたと思うが、部屋に引き上げてきたとき、それほど酔ってはいなかった。午後10時頃、そろそろ引き上げようとなった。

中川先生は毎晩酒を飲んでいた。サントリーのオールドを1本、空ける人でしたから、酒には強かった。酒を飲む。そして私はそのとき知らなかったが、あとで気が付いたのは、睡眠薬を飲んでいた。お酒を飲んで睡眠薬を飲んだら、逆に寝られないそうで、中川先生の爪の色が変わっていることに気づきました。。

その日、中川先生の様子に変わったところはありませんでした。パーティには大勢の人が来たし、ご機嫌だった。ただ、異常に汗をかいていた。背広の背中に染みるくらいだから、外から見てもわかる。来ている人も私に、「おい、中川先生、疲れてるんじゃないか」と言ってきた。

ただ、ラーメンを食べて寝るくらいだから、まさか翌朝、自殺するなんて思ってもみなかった。

私なりに、自殺の原因に思いあたることはあります。遺書はなかったとされている。ホテルの部屋の室内電話の横にメモがある。メモに字を書いたあとがあったような気もするが、遺書めいたものだったのかどうか、今となってはわからない。あったとすれば、奥さんが処理したのでしょう。

自殺の原因についてはいろいろ取り沙汰された。私が原因だったと言われさえした。

そのひとつ、私と奥さんとの関係が、抜き差しならないほど悪化していたことは事実でした。そのことで、中川先生の中で凄まじいばかりの葛藤があったのは想像できる。

1月7日、中川先生は北海道へ向かうわけですが、私も羽田についていって同行するつもりでいた。ところが、奥さんから「鈴木君は今回、来なくていい」と言われた。

中川先生を飛行機に乗せるところまで送ったら、「なんでお前、来ないんだ」と怪訝な顔をされた。奥さんが目の前にいるから「奥さんに言われて」とは言えません。「喜多が行きますから」と答えて私は黙って見送った。

すると帯広に着いた中川先生から、「とにかく急いで来い」と催促される。私は奥さんから「来るな」と言われている。結局、逡巡したが阿寒《あかん》で合流した。

おそらく中川先生は、奥さんに「お前が鈴木を寄越さなかったのか」と、やりあったと思う。そして奥さんは奥さんで、私を呼んだことが面白くなかったと思う。

そして次の日、1月8日、北見と旭川で恒例の新年会をやり、夜、札幌パークホテルの新年会となるわけです。

私と貞子夫人とは、昔は波長が合っていた。

都会育ちの奥さんは、中川先生の選挙区に行くのを好まなかった。先生も、奥さんが選挙区向けではないことをわかっていて、それで地元に自宅を建てなかったくらいですから。

そんな奥さんが、「鈴木君をつけてくれたら私は北海道に行きます」というくらい、私は気に入られていた。中川先生は奥さんのわがままを知っており、「いや鈴木、すまんけどお前、ついて行ってくれ。頼むわ」というので、私はよく奥さんのカバン持ちをしていました。

ちょっと様子が違ってきたのが、私が女房と結婚してからです。女房が中川先生の秘書になったとき、女房は性格がからっと明るいから中川先生もかわいがってくれたし、後援会の皆さんも、「典子さん、典子さん」といって受けがよかった。

これに奥さんがヤキモチを焼いたと思う。これまた奥さんの性格なんだけど、後援者から奥さんに、「鈴木はよくやっている」とか「鈴木にお世話になった」などとお礼の電話が入る。すると奥さんは、中川先生に「誰々から電話があって、また鈴木にいじめられましたと言っている」とまったく真逆の報告をすることがよくありました。

そんなことがしばしばあったのですが、救いだったのは、中川先生が奥さんの性格を知り、そうでないことは百も承知であったこと。

中川先生の弟に、中川正男さんという人がいる。先生は自分が長男だけど、弟の正男さんに実家をみてもらい、父母の面倒をみてもらっていた。だから中川先生は正男さんに全幅の信頼を寄せ、感謝していた。

この正男さんが、また私を非常に買ってくれていた。

その正男さんが、貞子夫人に電話して、「また鈴木さんにこうやって世話になった」というと、奥さんは中川先生に、「また正男から電話があって、鈴木にいじめられました」と告げ口をする。先生は百も承知だけど正男さんに電話する。「お前、女房がこんなこと言ってたけど、鈴木となんかあったのか」と。正男さんは、「いや、姉さんには、鈴木さんに世話になったからお礼を言っておいてくれ。兄貴にも伝えてくれという話をしただけだ」という。だから中川先生は、「また女房のやつが」とよく怒っていた。

それがまた微妙な人間関係になっていったんだと思う。

10 言葉の重みを考えて決断する
——「参議院選挙、立候補の話」

そんな貞子夫人と決定的に関係が悪くなったのは、奥さんが次男の英二さんを中川先生の後継者に、と考えるようになってからだと思う。

当時、次男は慶応の学生だった。奥さんは、大学を卒業したら、中川先生の秘書にさせるつもりだった。

そこで私が邪魔になったと思う。あの頃の私は、永田町で鈴木宗男といえば、それはもう下手な国会議員よりも存在感と影響力があると思われていた。

例えば、党の農林部会に、私はいち秘書にすぎなかったですが、中川先生の代理で出席していた。先生が欠席しているときに限って、中川先生の悪口を言う国会議員がいるわけですよ。米価の時で、「米の値段を中川一郎が下げた」とか。私の目の前で。だから私は、その国会議員に向かって、「こら！　何を言うか！」と怒鳴り上げたものです。新入りの国会議員は、「あれはなんて国会議員だ？」なんて囁いていたくらい、私は中川一郎先生のことには心血を注いでいた。

私は竹下登先生、安倍晋太郎先生からもかわいがられ、「中川のところの鈴木はすごい」と永田町では一目置かれる存在になっていた。選挙区でも、当然、「鈴木に言っておけば、中川先生に言わなくてもいい」というぐらい信用があった。これは、次男にあとを継がせたいと考える奥さんにとっては、計算外だったと思うんですよ。

さらに中川先生も、公然と「おれのあとは鈴木だ」と言い始めたものだから、奥さんはなお警戒したと思う。

そこへ浮上してきたのが、昭和58年6月に行われる参議院選挙への私の立候補問題だった。中川先生の有力な後援会幹部たちから、「鈴木を参議院に出せ」という声が挙がる。これも奥さんは、よしとはしなかった。

なぜ私の立候補が取り沙汰されたのか。参議院選挙の前、昭和57年11月、自民党総裁選が行われ、中川先生が立候補した。このときの予備選挙で、北海道での中川先生の票が思った通りには伸びなかったからだ。

当時、北海道には高橋辰夫、上草義輝、高木正明と3人の国会議員がいた。しかし、結果として力にならなかった。そこで地元からは、「やはり鈴木を参議院議員にしなければダメだ」という声が出たわけです。

「中川先生が反対するようなら、秘書も続ければいい」という話も出た。

中川先生がそうだった。先生は、衆議院議員に当選したけれども、大野伴睦《ばんぼく》先生が亡くなるまで秘書みたいなことをやっていた。

昭和38年、大野先生が韓国・朴正煕大統領の就任式に出席された際には、中川先生もカバン持ちでついていったわけですから。だから「鈴木も参議院議員になれば6年間選挙ないし、秘書もやれるんではないか」と。

中川先生の有力な後援者からも、参議員選挙に立候補したいと言え、そうでないと飼い殺しになるとも言われました。

昭和57年12月2日、永田町の十全ビル7階にあった事務所で、私は中川先生と会った。その日のことは、手帳に書き記してあります。

「13年目にして、はじめて代議士に自分のことを話す。相当な驚き」と。

私は中川先生に、立候補したいと話した。すると中川先生は非常に驚いて、こう言った。

「（鈴木が）5分いなければ、両手もがれたようなものだ。おれは代議士を辞める」

この言葉に、今度は私がビックリした。そこまで中川先生はおれの存在を気にしてくれていたのか、と。あとで、この言葉は記録しておかなければと思い、これも手帳に書き残したが、私は、もう中川先生のその一言で、立候補は辞めようと決断した。「これ以上、中川先生を苦しめちゃいけない」と思ったんです。

地元からは「鈴木を出すべし」という声が耳に入るだろうし、奥さんからは、「あなた鈴木に後ろから斬られますよ」というような話をされたかもしれない。

中川先生が、いつも私のことを良く言ってくれていたのは耳に入っていました。けれどそれは、気を使ってくれているのかな、私へのねぎらいを、外で言ってくれているのかな、くらいに思うこともあった。しかし、直接、中川先生からあの言葉ですから。その重さにビックリして、私はもう立候補しなくていいと思ったんです。

中川先生はうちの女房にも電話していました。「鈴木君のことは将来にわたって考えているから。すまんけど、今回はまずおれのところで働いてくれ」という話。女房に立候補のことは言ってませんから、なんのことかわからず電話応対したと思います。

この立候補問題が自殺の原因といわれたこともありましたが、それは前年の12月にすっきり決着したことだから、ありえない。

しかし私と奥さんとの確執は残った。中川先生は、「鈴木がいなくなればおれは政治家としてやっていけない」、しかし女房と別れたら、「家庭すら守れない人間が国を守れるか」という世間の評価になる、それを大変気にされていた。

昭和58年1月7日、羽田で奥さんは私に「あなたは行かなくていい」と言った。奥さんはここがチャンスと思ったのではないか。参議院選挙の問題は解決したが、中川先生や兄弟は「必ずどこかで鈴木を政治家にする」というんだから、もうここは鈴木を中川先生から引き離すしかない、ひとり東京に置いておくしかないと考えたのではないでしょうかね。

11 それが運の尽き——中川一郎、総裁選後、福田赳夫と衝突

中川先生が亡くなる前、もうひとつ気になることがありました。

昭和57年11月24日、自民党総裁選の予備選挙が行われ、中曾根先生が55万票を獲得、圧勝だった。

立候補していたのは他に安倍晋太郎、河本敏夫、中川一郎の各先生方。予備選2位が河本先生、3位が安倍先生、4位が中川先生。

本選挙で河本・安倍・中川連合を組んでも票が足りない。田中・大平・中曾根連合軍が圧倒的に強かったわけです。結果、本選挙に突入することなく、27日に中曾根内閣がスタートした。

その直後の夜、中川先生は福田赳夫先生の自宅に総裁選のお礼の挨拶をしに行った。その時、中川先生から「おい鈴木、一緒に行こう」と言われたが、私は総裁選の後始末で忙しかったから行かなかった。

それが運の尽きだった。私が同行しておれば、中川先生に余計なことを言わせなかった。このことは今でも悔やまれてならない。

話せば長い話になる。

なぜ中川先生が挨拶に行ったか。当時、福田先生は中川先生の親分格だったが、総裁選ではちょっと親分に逆らった部分があった。だから、やはり挨拶だけはしておいた方がいいということで出向いていったんです。

立候補に関しては、福田先生にとって、安倍先生、中川先生、そういう若手が出てくると困る。世代交代が進めば、福田先生の影響力が薄れ、出番がなくなってしまう。中川先生の立候補は福田外しでもあったわけで、福田派から安倍晋太郎派へ代替わりする世代交替を考えていたのです。

総裁選前の8月31日、自由革新同友会、これは中川グループですが、その設立2周年の派閥研修会を沖縄で行った。

朝、東京を出発する前に、中川先生は福田先生の自宅に寄っていく。そこで福田先生は、「総裁選をやるべきだ、というのは言ってもよい。ただし中川君、君が出るなんてことは言うな」と釘を刺す。福田先生独特の言い回しで、「総裁選挙をやるべし」という「煙を上げるだけだ」というわけです。

ところが、沖縄に向かう飛行機の中で、同志の石原慎太郎先生、長谷川四郎先生から、強く熱心に、

「総裁選挙をやるべきだ」「ここは立たないといかん」とたきつけられる。

そこで中川先生が研修会の講演でぶった。その表現は、「私も同憂の士が得られれば、総裁選に立候補したい」と。これが次の日の朝刊1面を飾るわけです。「中川、総裁選に出馬意向」と。

ところが、中川派というのは純粋には13人しかいない。自由革新同友会は中曾根派や福田派と掛け持ちの議員も多かった。当時の総裁選規程では、立候補に国会議員50人の推薦が必要だった。

だから渡部恒三先生なんかは「犬の遠吠えでなくて熊の遠吠えだべ」、渡辺美智雄先生もライバルだったから、「これまた頭おかしくなったんでないか」とバカにする。

こっちは中川先生が口にした以上、推薦人をなんとか集めなくちゃならんと必死だった。

そして9月16日、中川先生は田中角栄先生と軽井沢でゴルフをする。これは田中先生

と近い有名な記者の助言を入れたものだった。私も指導を受けていたその人からは、「いいか、鈴木君、田中さんとゴルフをやっておけ」「田中さんは中川さんのことも考えているから」「田中さんは福田が嫌い。福田ばっかり、だとみられないようにした方がよい」と知恵をつけられた。

それでゴルフをセットしていた日程がたまたまその日だった。このとき田中先生が中川先生に言うわけだ。

「おい中川。お前、池の鯉も元気が良くてな。飛び跳ねて池から出てしまうことがある。それで日干しになってしまうこともあるんだぞ」

私はそれは激励で、慎重にやれよ、と。お前、福田にだまされるぞ、福田ばっかりについてもダメだぞ、という田中先生一流の言い方、励ましだと思った。

ところが翌日の新聞は、田中先生が中川一郎を恫喝した、牽制したというふうに書いていた。世間的には、田中先生がキングメーカーとして、「世代交代はまだ早い」とニューリーダーを牽制したという捉え方だった。

立候補の届け出が10月23日。このときの総裁選は長かった。告示から予備選まで1カ月もあった。こっちは推薦人を必死で集めて、福田派から参議院議員を23人借りた。このとき参議院票のとりまとめで大変お世話になったのが、参議院の村上正邦先生だった。

安倍先生は、福田派の衆議院議員だけで推薦人が確保できた。当時の総裁選規定では、推薦50人以上で立候補者が４人で総裁選。極めてハードルが高かった。これは田中先生が、総裁選挙をさせないという考えでの仕組みだった。

選挙期間中、中川一郎先生が安倍晋太郎先生を抜くんじゃないかという評判が立ってきた。安倍派の連中は気を揉むわけです。これはお前、飼い犬に手を嚙まれるぞ、と。塩川正十郎先生は私に電話を寄越した。「鈴木君、お前、やり過ぎではないか」と。実質、私が中川派の選挙対策の責任者でしたから。越智通雄《みちお》先生からもえらい強い口調で「運動をやめろ」と言われました。

私は逆に「負けてたまるか」という思いで戦った。純粋な中川派は、たった13人ですよ。それが予備選の結果、中川先生は６万６０４２票。70人を超える安倍先生は８万４４３票と、派閥の大きさの割に差がなかったんです。

福田派から参議院議員の名前は借りたけれども、選挙になったら福田派は全部引き上げてしまうんですよ。それが中川先生としては面白くなかった。「福田さんはおれのシンパにまで手を突っ込んできた」と思った。

そして総裁選後、中川先生は夜、福田先生の自宅にお礼の挨拶に行ったわけですが、そこで福田先生と衝突してしまった。総裁選挙で積もり積もった怒りをぶつけてしまったんです。

次の日の朝4時半ぐらいだ。私のところへ中川先生から電話がかかってきた。何事かと思って出ると、「おい、鈴木君、大変だ！　おれは全部、福田にぶちまけてしまった。今度は福田がおれを狙ってくる」と、こう言うわけです。

私は、「何も心配ないですよ。何があっても私が受けますから」と励ましたのですが、「私が同行していれば避けられた」と忸怩《じくじ》たる思いだった。それから中川先生は落胆というか、気持ちが落ち込んでいきました。

実は、中川先生と福田先生との間には、総裁選以前にも因縁があった。

昭和51年12月、第1次福田内閣で中川先生は入閣するはずだったが、石原慎太郎さんが環境庁長官で入り、中川先生は見送られた。これには理由がある。

ロッキード事件が起きた時、全日空の裏金問題が色々言われた。中川先生も、100万円の献金を受けていた。そのお金の主旨を検察は疑っていた。

福田先生は総理になってそのことを知る。福田先生は組閣の時、中川先生を入閣させない理由として、「例の件でね」と中川先生へ遠回しで言った。それは中川先生にとって非常に精神的に重たいことだった。

この話を知っているのは、事務所でも私しかいない。奥さんも知らない。中川先生と私は当時、永田町のヒルトンホテル（現ザ・キャピトルホテル東急）で坪内検事の事情聴取を受けたことがあるのです。

その頃の検察はしっかりしていて、事情聴取の件は絶対外に漏らさなかった。だから一切、表沙汰にならなかったが、中川先生は気をもんでいた。豪快に見えるけれども繊細、気の弱い人だから、頭に円形ハゲができたくらい。

福田先生とのこの件は、いつも、おそらく亡くなるまで中川先生の頭に引っかかっていたと思う。

そして話は中曾根内閣に戻るが、官房長官が以前警察庁長官だった後藤田正晴、法務大臣が以前警視総監だった秦野章、自治大臣兼国家公安委員長が内務官僚だった山本幸雄。田中曾根内閣といわれたが、全部、田中先生の意向で法務、警察人脈が固められたと言われた。

それで中川先生は、「田中・中曾根が狙ってくる、さらに福田も狙ってくる、おれはもう先がない」と悲観的に考えるようになっていった。

追い打ちをかけたのが、安倍先生の入閣。挙党体制だから本来なら中川先生も入閣できたはず。しかし中川派は弱小の13人しかいないので、派閥の事情で中川先生は長谷川峻《たかし》先生を推薦する。

結果、中川先生だけ外れることになった。中曾根内閣ができるときに、総裁選に出た河本、安倍、中川の三氏の打ち合わせでは、入閣は辞退しようと申し合わせていたのです。

ところが人事を見ると、約束が破られた、おれだけ外された、これもまた中川先生がふさぎ込むもとになる。「だからおれは狙われている」と言って、もう被害妄想に陥ってしまったんです。

12 反論はせず、じっと我慢すべし――「主人は一番信頼した人に裏切られた」

中川先生が亡くなった直後、これからどうしようなどと考えている余裕はなかった。とにかく自死が外に知られる前に、荼毘《だび》に付して葬式をあげるのが先だ、と考えて行動した。中川先生の名誉を守りたかった。自死は先生に似合わない。北海道の羆といわれ、豪放磊落《らいらく》だった中川一郎のイメージだけは最後まで守りたかった。

ところが、これも私に任せてくれればよかったものを、奥さんは私を信用していないから、参議院議員の高木正明先生に任せるわけだ。そばにいないし、事情がわからんから記者なんかに説明するのに辻褄が合わない。だんだんボロが出てくるわけですよ。

ただ、警察情報はすぐ抜けますから。山本国家公安委員長、秦野法務大臣、後藤田官房長官、関係閣僚には情報が入っていたと思う。

中川先生の遺体は、亡くなった日の夕方には東京の自宅に安置した。その夜、中曾根総理が韓国から帰国して、弔問に来た。中曾根総理はしげしげと棺の中を見る。顔のところを触ってみたり。わかっていたのだと思う。確認したら痕《あと》が残っているのがわかりますから。

亡くなったのが昭和58年1月9日。11日には自殺だったと報道された。

1月13日に築地本願寺で告別式を行った。誰を葬儀委員長にするかというときに、本来なら中川派代表の長谷川四郎さんでよかった。けれど、いやいや総裁選挙まで出た男だから、福田赳夫先生にお願いしようということに収まった。

扇《おうぎ》千景《ちかげ》さんは中川先生の気持ちを知っていたから、福田先生はないでしょう、と異を唱えていた。だから笑い話みたいな後日談だが、福田先生が追悼の言葉を述べたとき、中川一郎先生の位牌が動いた、コトッと音がした、と噂された。

とにかく葬儀までは何も考えられなかったが、葬儀が終わったところで、「さて、これからどうするか」と考えた。

中川先生が亡くなったとき、私は34歳でした。「34だけども人の倍、俺は働いてきた。そしたら68だ。それなりにいい経験をしたと思って、のんびり田舎に帰ってでも生きていくかな」、そんな思いだった。足寄に帰ろう、と。

当時、「中川事務所に鈴木宗男あり」といわれたところで、中川一郎という大御所、親分あっての話。秘書の身分なんて弱いもんで、親分が落選したらもう秘書の身分はない。いわんや、死んだとなればもっとですから。

まさに月とスッポンの差。だから私は土方やってでも家族の生活だけは守るぞ、という根性だけはあった。田舎に帰って百姓やってでも生きていくぞという気持ちはあったんです。

1月13日の告別式、築地本願寺の上空にヘリコプターが舞っていた。マスコミは、私と中川先生との間に確執があったのではないかと、いろいろな噂が飛びかった。

その日の夜のこと。NHKの『ルポルタージュにっぽん』という番組で、そこに私の特集が出るんですよ。

ある秘書の1日、という内容だった。そしたらもう、総裁選挙で私が仕切っている映像が出てくる。陳情も全部私が中川先生になりかわって処理している。もうひとり紹介された別の代議士秘書は宴会係、踊ったり飲んだりしているだけ。私は役所に電話したり、国会議員を呼んで指示したりしている。秘書でもこれだけ違うといわんばかりに、いってみれば「鈴木宗男は日本一の秘書」という扱いだった。

そのテレビを見た人は、「中川先生のあとはやっぱり鈴木が出るべきだ」と動くわけです。そしてまた、中川未亡人は「鈴木はNHKを使ってまで出ようとしている」と邪推するんですね。番組の放送日は、もう2カ月前に決まっているんですから。たまたまそれが葬儀の日とぶつかった。偶然。まさに神のみぞ知る話なんですよ。これも巡り合わせでした。

そして1月15日、中川先生の自宅で初七日の法要が営まれた。もちろん私も行きました。長谷川四郎先生はじめ、平沼赳《たけお》夫先生とか中川派の先生方、マスコミの方々も来られていた。

そこで中川未亡人が挨拶する。

「うちの主人は一番信頼した人に裏切られました」

と。私はそばで聞いていて、これは福田赳夫先生のことを言っているな、と思った。マスコミもいることだから、「いや、奥さん、ずいぶん思い切ったことを言うな」と思って能天気に受け止めていました。

ところが、その次の言葉が、

「それは……、その男は一番身近にいた男です」

となるわけですよ。

「そうか、これはおれのことだ！」

と。私は怒りで立ち上がろうとした。

このとき同じ中川事務所で秘書の多田淳が、私の腕を取って押さえた。多田は、

「鈴木さん、これは罠だ。ここであなたが反論したら、マスコミの餌食だ。向こうはそれを狙っているから、ここは我慢だ」

と言った。

多田というのは、スピッツか秋田犬をおとなしくしたような男で、普段、そんなことを言う男ではない。そのときに限って、これはえらい腹のすわった話をした。だから私はその法要で、反論はせず、じっと我慢して最後までいたんです。

13 逆風はチャンスと思え、後ろ向きになるな
――京王プラザホテルに秘書全員が集まった

初七日の法要が終わった後、議員会館の中川事務所の秘書仲間と、京王プラザホテルへ向かった。

なぜ京王プラザかというと、私が知っているホテルはそこしかなかった。披露宴をやったところですから。

議員会館の秘書全員が集まった。山田昭一、喜多龍一、多田淳、今、釧路市長の蝦名《えびな》大也、そして私の5人。部屋をとってみんなでカレーを食べた。3037号室。そこでこれからどうするか、という話になった。

そこで一番年配の秘書、山田が口火を切った。山田は中川先生の2歳下。当時、56歳で私が34歳。私よりも22歳上でありながら、私の下で小間使いをしていたわけですから、決していい思いはしていないはず。

ところが、その山田が、

「おい、みんな。中川先生は『おれのあとは鈴木宗男』と言っていたな。聞いてるな。ここは、中川先生の遺志を俺たちは踏襲しようじゃないか。おれたちだけでも筋を通そう」

と言った。

みんな、誰も異論をはさまなかった。そこで「やるか！」となるわけですよ。そしてみんな、北海道に散っていった。

部屋に集まったとき、私は別に自分が立つとも立たないとも考えていなかった。みんなが言うので、その気になった。

その2日後の1月17日、歌手の松山千春さんから電話が入った。

「宗男さん、不謹慎かもしれないが、中川先生が命を懸けて、宗男さんにチャンスを与えてくれた。ここは頑張るしかない」

そう激励された。

それ以来、私のことを心配してくれ、しょっちゅう電話をくれた。

1月31日、私は札幌中央署で事情聴取を受けていた。中川先生の死因について。朝から夜までかかった。その夜、千春さんがロイヤルホテルのスイートルームを取ってくれていた。もう、私はマスコミに追いかけ回されていますから。

行くと、シャンパンと寿司が5人前くらい取ってあって、千春さんが、「ささやかにここで誕生会をやろう」と。私はその日が自分の誕生日であることも忘れていた。

この頃には、向こうは後継者に長男の中川昭一さんを立てると決めていた。

千春さんを非常に応援していた当時東海ラジオの常務で大野先生の従兄弟にあたる深尾さんが、

「位牌を持った選挙は絶対。中川先生の息子が出てきたら強い。逆にここで無理したら鈴木は一生終わってしまう。ここはエネルギーを蓄えた方がいい」

と言っていたそうだ。千春さんからその話を聞いた。そして、

「だけど、とにかく宗男さんがやるときは、もう勝負だ。自分も、もちろん一生懸命やりますから」

と言ってくれた。

2月に事務所を立ち上げた。11日、足寄に後援会が発会し、それからバタバタと各地

に後援会と事務所ができた。23日に帯広で事務所を構えた。ものすごい逆風だった。マスコミからは「中川を殺した元凶」というトーンでバッシングされる。やはり中川未亡人が初七日法要で、私を裏切り者扱いしたから。マスコミは「骨肉の争い」が始まると興味津々で注目していた。

これが逆に、私が立つことを決意する、よいきっかけになった。その場で反論はしなかったが、そこまで言われれば私も引っ込みがつかない。

もし、奥さんから、

「鈴木君、息子にあとを継がせたい。鈴木君、お願いします」

と泣きつかれたら、私は出ることはなかったでしょう。だからこれも巡りあわせです。

奥さんは、鈴木を叩けば息子が代議士になれると思っている。短絡的で、先を読まなかった。私の性格を知っていれば、私は情にもろい方だから。奥さんが賢かったらあんな「骨肉の争い」にはならなかった。

私は今でも講演会なんかで言うんです。

「ねたみ、ひがみ、やっかみ」は必ず人生についてまわる。会社でも、いじめられる、じゃけんにされる。そして疎外感をもったとしても、「前向きに受け止めなさい」と。「これはおれにチャンスを与えてくれている。おれを試しているんだ」

そう受け止めて、絶対、落ち込まない。

「後ろ向きになるな。前向きにとらえろ。必ず道は開ける」

私はそう思うことで、すべて納得してきました。

生きる厳しさなんて必ずある。バッシングを受ける、叩かれる、しかしそれはチャンスを与えられた。負けてたまるか、そういう「反骨の気持ちを持つことが、必ず人生に活きてくる」と思っています。

14

言葉は力なりき——「権力が出した飯は食べるな」

とはいえ、立候補を一瞬、ためらったこともあった。

3月28日、帯広に中川先生が信頼していた三塚《みつづか》博先生が来て、私の後援会の会合に来て、説得にかかる。

「これは骨肉の争いで、中川先生の名誉が汚される。ここは鈴木君に一歩下がってもらって、彼を安倍晋太郎先生のところで預かる。必ず将来、鈴木君に国政のチャンスをつくる」

と。それでご理解いただきたい、ときた。当時の三塚さんは、やはりニューリーダーのひとりで将来ある人だし、安倍先生も中曾根内閣で外務大臣。私は、その手もあるのかなと思い、淡々と申し出を受けようかと考えた。

ところが、後援者は「こら！　三塚」となった。「お前が決める話でない。選挙民が決める話だ。ふざけるな。それなら（中川先生の）息子を降ろすのが先でないか」と。「鈴木宗男は政治家になりたいと思って、中川先生と一緒になって一生懸命頑張ってきた。おれたちは認めてるんだ。ふざけるな！」

それは思いもかけない流れ、出来事となった。みんな怒った。そうしたら三塚さんも人がよかった。

「みなさん方の気持ちはよくわかりました。私も機会があれば応援に来たいと思います」

そう言ってそそくさと帰っていった。

そのとき怒った連中が、青年部の若い人たちだった。あとは女性の支持者たち。みんな利害損得のない商売抜きの人々だった。

新聞記者もテレビも入っていたので、翌日の報道は「三塚説得不調」となる。そしてもう、鈴木選挙突入、となるわけだ。

三塚さんが帰った次の日、また松山千春さんから電話が来た。

「宗男さん、世間では鈴木宗男は何が何でも選挙に出たがっている。わがままだと受け止められている。しかし宗男さん、あなたは一歩下がって出なくてもいいんだ、と判断した。それでもなおかつ後援者は、宗男出るべしと言ってきた。ここは何も心配することない。打って出ましょう」

ただ、私はもう一度冷静に考えた。足寄に帰って、どうするか、打ち止めにするか、と。しかし、故郷、足寄の仲間は、「ここで諦めたらもう足寄から国会議員が出るチャンスはない」「出るべきだ」という声ばかり。

帯広の家へ帰ったら、これまた女房から、

「ここであなた、止めたら一生、中川一郎先生の自殺は鈴木宗男のせい、と言われますよ。勝ち負けじゃありません。あなたは政治家になろうと思って秘書をやってきたんでしょう。ここはやっぱりあなたの子供の頃からの夢に懸けるべきです。そのために子供たちも帯広に来ているんですよ」

ちょうど2日前に、子供らも帯広に移ってきていた。当時、長男が小学校3年、次男が1年。子供たちにも、地元に移って一緒に戦おうという気持ちがあるわけですよ。女房があの時「もう止めましょう」と言ったら、終わっていたでしょうね。やはり女房のひと言。そして後援会の盛り上がりに後押しされた。

これはずいぶん後のことだけど、また女房の言葉で助けられたことがある。いわゆる宗男疑惑で逮捕されてちょうど2カ月目の頃。担当検事が、「バッジを外せ」と言ってきた。政治家を辞めなさい、そうすれば、と取引を持ち出した。

これは私を落とそうという悪魔の囁きです。その頃、うちの女性事務員も逮捕されていた。彼女は責任者じゃないんだから逮捕しても起訴できない。ただ、検察は私に不利な調書を取ろうという意図があるだけだ。「国家権力はそこまでやるのか」と私は思った。これは喧嘩してもダメだなと思って落ち込んでいた。

まさに人質司法だから、私も、もう手打ちだと思い、弁護士に、

「検察からこう言われた。おれはもう辞めてもいい。国会議員を20年やった。大臣、官房副長官、自民党総務局長もやった。政治家としてそれなりのことをやったからおれはいい。あとは女房の判断だ」

と言った。次の日に、女房が弁護士に手紙を託した。

「お父さん、悪いことをしたと思うならばバッジを外しなさい。また、悪いことをしたと思うなら、政治家も辞めなさい。しかし、あなたは、やましいことはしていませんね。ここは戦ってください。松山千春さんはじめ後援者はあなたを信じています。権力とは絶対妥協しないでください」

そう書いてあった。あのとき、女房が「田舎に帰ってソッと暮らしましょう」と言ったなら、そこでまた私の今日はなかった。

いや、言葉は力なりき、ですよ。

そこで「今度は負けてたまるか」と思い、頑張ったら437日、拘置所に留め置かれた。ウソを言ってでも「はい、わかりました」と収めて、裁判やってカムバックするチャンスはあったかもしれないが、ここは筋を通すと決意した。

女房はまた、弁護士を通して、「権力が出す食事は食べるな」と言ってきた。「拘置所では昼、夜は差し入れの食事が認められているから、それでしのげ」と。しかし「1食くらい抜いたって大丈夫でしょう」というんだ。朝飯の差し入れは認められない。ところが朝飯を抜いたら力が入らないので、食べることにした。あとで分かったことだが、女房は437日間、クーラー、暖房を使わなかった。

だから言葉というのは、一言で歴史を変えたり、人生を変えたりするものだ。

15 相手の立場に合わせて気遣うべし
――「宗男さんは山の子。おれは町の子」松山千春さんとの深い絆

ここで、私と松山千春さんとの関係について語っておきたい。

私は千春さんのことを親しみをこめて「チー」と呼び、千春さんは私を「宗男さん」と呼ぶ。

歳は私が7歳上。けれど私は兄貴分ではありません。私はこういうんだ。

「歳は下だけども、人間としての重みは先輩だ」

そのくらい、たいした男です。

千春さんも足寄の出身ですが、今でも、

「宗男さんは山の子。おれは町の子」

とバカにされる。

千春さんのお父さん、松山明さんは、足寄で新聞を作っていた。町長批判を記事にしたり、いわゆる反権力、町民の新聞だった。地元企業の社長なんかを敵に回すわけだから、松山家の生活は大変だったと思いますよ。

私は、中川先生の秘書になった頃から、千春さんの家に出入りするようになった。

うちの親父の甥っ子の子供、鈴木公男《きみお》というのが、足寄高校で千春さんと同級生。一番、仲が良かった。その公男が修学旅行で東京へ来たとき、私は東京案内をするが、公男が「千春も連れていってもいいか」と聞くから「連れて来いよ」と言った。結局、来なかったけど、千春さんはそのことを今でも覚えているそうだ。

「声がかかったけども、おれは遠慮して行かんかった」

と言う。ただ、お父さんから、「中川一郎のところに鈴木宗男という足寄の先輩がいる。これは一生懸命頑張っているぞ」という話は聞いていたそうだ。

その松山千春さんは、昭和52年、歌手デビューをする。

私は私でそれなりの存在感のある秘書になっていった。その頃から、私は千春さんのコンサートに行くようになり、親しくなっていった。

昭和52年、中川先生が農林大臣になり、私は秘書官になった。私はグッと北海道では脚光を浴びる。北海道の月刊誌で千春さんと一緒にグラビアで紹介されたり。そして私は今度は中川先生に千春さんを紹介して、一緒にゴルフをしたり、食事会をセットした。そうやって関係を深めてきた。

これはずいぶん後の話になりますが、私が衆議院議員になってから、千春さんのお父さんをお見舞いに行ったことがあった。お父さんは音更《おとふけ》にある国立療養所に入院していた。糖尿病と認知症が出ていた。

お見舞いに行くと、私の顔は覚えている。そして「鈴木君、いつ選挙に出るんだ?」と聞かれた。私はすでにバッジを付けている。

そういえば、昔、お父さんからはいつも「鈴木君、いつ選挙に出るんだ?」と聞かれていた。

千春さんは、「お父さん、なに言ってるの。もう宗男さん、バッジ付けたんだよ。その報告で来たんだよ」と言うが、お父さんはわからない。またしても「いつ出るんだ。そのときは応援するぞ」と繰り返す。

私は機転を利かせて、「お父さん、必ず出ますから。応援頼みますよ」と言った。「わかった」とお父さんは安心する。

そのとき千春さんは涙しました。「いや宗男さん、やさしい」と。「宗男さんは、一歩も二歩も下がって、親父のことを気遣ってくれた。昔の親父に合わせる宗男さん、さすがだ」

そう言って、あの千春さんが泣いたもんですよ。千春さんがコンサートでもよく出す話です。

千春さんとは同郷意識もあるが、それ以上に強い絆を感じています。

やはり千春さんも貧乏、苦労して、ギター一本でシンガーソングライターとしての夢をもってスタートした。そしてやっとデビューにこぎつけたときに、恩師が亡くなるわけですよ。

STVラジオの竹田健二さん。フォークの大会に千春さんが出たとき、ディレクターの竹田さんが面白いと目をつけた。「歌に感性がある」と高く評価した。それで昭和52年に千春さんはデビューするが、その半年後に竹田さんが急逝してしまう。まだ36歳で。

千春さんの偉いのは、来年でデビュー40周年になるけど、今でも竹田さんの奥さんと子供さんを必ずコンサートに招待する。コンサートでいつも、ステージの一輪挿しに花を1本差してある。あとで本人に聞いたら、竹田さんに対する哀悼と感謝だそうです。

竹田さんという後ろ盾を失っても、そこで千春さんは頑張っていく。私は、そのことと、中川一郎先生を失った私とをオーバーラップして見ている部分がある。

千春さんは歌に夢を持って、私は政治に夢をもってきたわけですから。しかもお互い、叩き上げで頑張ってきた者が、正当に評価されないのはおかしいという思いがある。底辺にいて貧乏し、苦労した者が知る共通の思い、根性と人情がお互いにあったと思う。

いつも言ってくれるのは、

「宗男さんと付き合って、教えられたことがある。それは人を信じることの重さ、大切さだ。それだけでも宗男さんとつき合ってきてよかった」

そこまで言ってくれるから、私は「政治家としてやましいことはしていない」と前を見ることができる。

千春さんとはそんな関係だから、節目節目で連絡をとるし、折に触れ励ましの言葉をくれる。選挙も応援してもらった。当選は千春さんのおかげと言っても過言ではない。拘置所、刑務所にいる間も手紙を頻繁にくれた。お袋が死んだときには、葬儀委員長をやってもらった。

盟友以上の関係、私にとって「生涯の心友」です。

第3章

順風満帆にして政界でのし上がっていく

16

「悪名は無名に勝る」と思え

「金はなんぼでも使っていい」選挙戦前夜

昭和58年12月18日が衆議院選挙の投票日でした。立候補するにあたり、私は「即戦力」であることを訴えようと思った。

おかげさまで、中川一郎先生の片腕として、知名度はあった。骨肉選挙、裏切り者といわれ、逆風ではあったけれど、これまた「悪名は無名に勝る」みたいなもんで、名前を知られていたことはよかった。

ただ、同情票は中川昭一さんに行く。その中にあって、中川先生のご兄弟が私を支えてくれた。次男の正男さん、三男の健三さん、当時道議会議員で四男の義雄さん。義雄さんは平成10年に参議院議員になる。

三男の健三さんが、中川先生の生まれ故郷、広尾・豊似《とよに》地区の後援会長と、オール十勝（帯広、十勝地区）の会長代行を引き受けてくれた。それがまた、メディア的には、中川一郎の秘書たちと中川兄弟が組んで、甥っ子（中川昭一）をいじめている、という図式になるわけだ。中川夫人もそれに乗っかって、「鈴木宗男にやられた」とガンガン発信する。

そのとき、私は腹をくくった。これは、もう黙っているのが一番だ、と。奥さんのたわごとにつき合い同じ土俵で争ったら、こっちが逆に軽く見られてしまう。ここは我慢した。

結果的には、これが功を奏した。あれだけ非難されても黙っている鈴木宗男に真実があるんでないか、と。それなりの大人は理解してくれた。しかし、女性だけは圧倒的に中川昭一さんに同情がいった。

昭和58年、北海道は10年ぶりの大冷害に見舞われた。選挙区の帯広、釧路、根室、網走、北見、ここは第一次産業が主要産業だから被害甚大、とにかく冷害対策が急務である。そうなると、中川昭一なんか待ってられない、ここは「即戦力」の鈴木宗男だ、という流れが出てきた。まさに天の配剤だった。

その前、7月9日、金丸信先生が帯広に応援に来てくれた。これで後援会活動に火が付いた。当時、金丸先生は役職にはついていなかったけど、私が当選してすぐに党総務会長、その1年後に幹事長になって、ダブル選挙にもっていき、中曾根政権続投の流れを作り、キングメーカーの道を歩む。

実は、私と同じ選挙区に、金丸先生と同じ田中派代議士の北村義和氏がいた。私はまだ、自民党の公認ももらっていない無所属。普通なら金丸先生は応援には来ない。いや、「行く」と約束しても、腹が痛いとか頭が痛いとか言って、だいたい政治家は逃げるもの。だが、金丸先生は男の約束を守り、筋を通してくれた。

その直前、中川昭一さんが、目白の田中角栄邸に行く。田中先生に、「金丸先生が鈴木のところに行くのを止めてくれ」と頼みに。そのとき田中先生は言った。

「中川君、人のことはどうでもいい。選挙というのは勝ってくればいいんだ。金丸は、『行くな』と言えば、なお行くやつだから、黙っているのが一番」

と一蹴したそうだ。

金丸先生は、当時、私に「公認は心配するな。おれがちゃんと小沢に言って取る」と言ってくれていた。私は大船に乗った気でいた。

公認を決めるのは自民党総務局長の小沢一郎先生。北海道5区の定員は5。ここに自民党から現職の安田貴六、北村義和、他に新人で中川昭一、武部勤、私の5人が立候補予定だった。ここに社会党3人、共産党1人だ。

11月末になって、昭一さんは中川一郎の息子で後継者だから公認が早々と決まる。それに現職の2人で3人が公認。小沢さんは現実派で、定員5人だから3人でよいと決め、武部氏と私は外された。

後々だけど、親分である金丸先生の言うことを聞かなかった、小沢一郎という人物は「見上げた男だ」と評価、感心したもんですよ。

ともかく、公認なし、無所属ではハンデが大きい。追加公認にも洩れて、うちの秘書からは「公認なしでは戦えない」と泣き言が出る。私は上京して金丸先生に直訴した。

そこで、会いに行ったのはいいけれど、先生は、

「お前、もう選挙間近だというのに東京に何しに来た」

と素っ気ない。

「いや、先生、公認問題ですよ」

「何？　公認なんてなんの話だ」

と、とぼけるので、

「いや、自民党の公認ですよ」

と再度訴えたら、こう言われた。

「鈴木君、歳はいくつだ？」

「35歳です」

「お前な、35歳で国会に出ようとする者が、公認だとかヘチマなんて言ってちゃダメだ。とにかく選挙に勝ってこい」

そして、

「金はなんぼでも使っていい」

と豪語する。

いや、「なんぼでも使っていい」と言ったって、「くれるか」といったら、くれないんだね、これが。このとき私は、やっぱり「偉い人は物言いが違う」と勉強になったわね。

ところが、金丸先生から「竹下にも話をしてあるから、青木に会え」と言われる。青木伊平さん。竹下事務所の大物秘書だ。私は青木さんとはもともと顔見知り。私にとって、秘書として青木さんがひとつのモデルというか目指すべき姿だった。

そして竹下事務所へ行くと、青木さんは金丸先生が言っていた額の、倍くれた。

「いや、青木さん、言われている額より多いですから。これひとつで結構です」

と私も正直に言った。すると青木さんは、

「鈴木さん、無所属で戦うのは大変だ。当選したら金は来るもんだ。しかし、当選するまでは、金は来ない。これはおれの気持ちだから」と言い、「もっていけ」と。

金丸先生は500万円と言っていた。それに500万円上乗せして1000万円くれたのだった。この青木伊平さんの男気、人情は今でも忘れることはない。

17

目いっぱい、手抜きしないでやれ——零下マイナス20度　選挙戦突入！

とにかく金丸先生から「勝って出直してこい」といわれて地元に帰された。公認は取れない。事務所に戻ると、秘書が「もうダメだ」なんて泣く。もうみんな、シュンとしているわけだから、私は言った。

「心配するな。定員5人で、おれが間違って6番になれば、ひとり交通事故だ。間違って7番ならふたり交通事故だ。おれは絶対バッジを付ける」

と。めちゃくちゃだが、そうタンカを切った。事務所の連中は「鈴木は狂った」と思ったかもしれないが、もう、やるしかない、気合で行くしかないと腹をくくってくれた。

私には選挙のノウハウの蓄積があった。後年の中川先生は、選挙期間中、選挙区に帰ってこないから、私が地元に入り、選挙戦の日程を作ったり、立ち会い演説会を代理でこなしたりしていたので。

私はまだ35歳。夜も寝ないで人一倍動くんだという気持ちでいた。

この頃、松山千春さんは絶頂で、松山千春さんというだけで人が集まってくる。千春さんは昭和52年デビューで、56年に『長い夜』がミリオンセラー、『恋』『旅立ち』などのヒットもあり、『季節の中で』は甲子園の入場行進曲になった。この応援が大きかった。千春さんもまだ若かったから、朝8時から夜8時まで遊説車に乗ってくれた。

選挙区は日本一の広さだった。日本の面積の9・3%。東北3県分でした。それがその年は冷害で、12月にはマイナス20度。選挙カーの窓を開けて手を振ったら、体感温度はマイナス40度とか50度なんだ。いや、もう手がもげそうになる、切れる、寒い、寒い。顔には霜焼けができる。

そこをアノラック着ないでスーツで頑張った。腹だけは冷やしちゃいかんと思って腹巻して。そして有名な「鈴木宗男の箱乗り」。車の窓から身を乗り出して、手を振った。とにかく、ひとりでも道を歩いている人がいたら振った。遠くで何か動いているのが見えたので、手を振ったら牛だった。

千春さんは選挙期間の最初の2日間と最後の3日間、応援に来てくれた。最後の追い込みだ、というので紋別《もんべつ》からスタートして北見に回り、次の日、中標津《なかしべつ》から根室、釧路、最終日は私の生まれ故郷の陸別、足寄から帯広とやる。

選挙戦終盤にはだいたいいいムードになり、いけるぞ、という感じもあった。ただ、網走管内の湧別《ゆうべつ》町計呂地《けろち》というところで車を降りたがひとりも人がいない。ところが千春さんが、「計呂地のみなさん、松山千春です」と勢いよく言ったら、ゾロゾロと人が出てくる。そもそも100人くらいの集落なんだけど、40、50人が集まった。そこで「さあ、宗男さん」とバトンを渡された。やはり千春さんはビッグネームで人気はすごい。

選挙が始まれば、骨肉の争いとか誹謗中傷はなくなった。

ただし、選挙戦の初日、中川先生の生まれ故郷に近い忠類《ちゅうるい》村で街頭演説をやったときには妨害が入った。トラックが横付けされて、私は応援かと思った。すると男が降りてくるなり、私にビンタする。横にいた千春さんは、凍りついていた。

私は不思議に動じなかった。街頭演説で20人ぐらいの人が見ているから、喧嘩はできない。私は渾身の力で、ぶん殴ったその男の手を握り、何度も「私が鈴木宗男です」と手を握り続けた。両手で、相手の手が折れんばかりに。向こうは手を離そうとしたけど離さない。

それを見ていた千春さんはビックリした。「おれもぶん殴られるんじゃないか、来たらこれは逃げようと思っていた」とあとで言っていた。「宗男さんはすごい」と感心してくれた。

投票日の2日前、選挙カーの中で千春さんが聞いてきた。

「宗男さん、新聞でも週刊誌でも、予想は宗男さんバッテンだ。情勢はどうか?」

「チー、心配ない」と私は答えた。弱気なこと言って千春さんに「じゃあ、おれも忙しいから帰るわ」と言われても困るので、私は強気で言った。

マスコミの世論調査は、帯広、釧路、北見など都市部でしか行っていない。

「おれが強い地方の声は、マスコミのデータには出てこない。間違いなくおれは5番以内に入るから心配するな」

「チー、鈴木宗男を応援しているのは、表札のない連中が多いんだ」

表札がないとは肩書のない人々のこと。どこかの社長さんや商工会議所のおエライさんでもない。地方の人の声は表へ出てこない。

「表札のないのがおれの強みだ」と言うと、千春さんは「そうかな」とわかってくれたような、わからないような半信半疑の顔をしていた。

極寒の中、自民党の現職は歳をとっているから窓を開けて手を振れない。中川昭一さんもふわふわした立派なアノラックを着てはいるが、それでも窓を開けるという厳しさを知らない。私は目いっぱい手抜きしないでやった。

だから選挙戦後半から流れを肌で感じるようになった。これはいけるんじゃないか。「一生懸命やっている鈴木宗男をなんとかしてやろう」という、選挙民の目に見えない力が来た、と。

選挙戦の最終日、故郷・陸別町から遊説に出る30分前、浜田旅館で遊説隊の男と、うぐいす嬢を集めて最後のミーティングをした。

「泣いても笑っても今日1日だ。みんな知っている通り、情勢は甘くないし厳しい。予想では6番、7番だ。しかし結果はおれの責任だ。あんた方の責任ではない。すべての責任はおれだ。ただ、今日1日、お願いがある。1回でも多く鈴木宗男と言ってくれ。1回でも手を抜かないで手を振ってくれ。これが最後の勝負だ。これだけお願いする」

涙ながらにお願いした。千春さんが続いた。

「おれからも頼む。おれも今日、喉がつぶれてもいい。そんな思いで最後の1日を頑張る」

と、千春さんが泣いてお願いした。遊説隊のみんなが千春さんのその姿に泣いた。今もその場面が鮮明に目に浮かぶ。

朝8時に陸別からスタートした。あの日もマイナス20度で寒かった。駅前に400人が集まってくれていた。私の同級生から後援者を含めて人口3000人の町で1割以上の人が集まってくれた。

次に足寄の町に行ったら、こんなに人がいるかというくらい、駅前から3000人くらいの人が沿道をびっしり埋めていた。足寄の人口の4分の1が出てきてくれた。私も千春さんも感激して、ただただ涙が流れた。なかには共産党の町議も来てくれていた。「足寄から国会議員を出そう」と、思想信条には関係なく人が集まった。故郷の人情に感謝した。

その勢いで、本別町、池田町へ行ってもやはり何百人。帯広へ行くと何千人という調子でどこへ行っても盛り上がっていった。今でも鮮明に思い出す最初の選挙戦最終日の光景である。

18 人の気持ちをつかむのは「真剣さ」

「鈴木君には借金5000万円ある」

当時の選挙は即日と翌日、2日がかりの開票だった。

私は帯広のアパートで待機していた。初日は郡部の開票。そこで中川昭一さんが9万2000票を取って、ただひとり当選確実が出た。

私は2番目で4万1500票。即日開票で4万5000票取っておれば当選確実だが、足りなかった。私以下、団子状態。勝負は翌日の票次第だった。

翌日は都市部の開票で、帯広、釧路、北見、網走、紋別、根室の票が出る。私の計算では微妙なところだという感じ。

開票日、12月18日の夜は一睡もできなかった。のちに平成14年6月18日、逮捕の前夜でも2、3時間寝たものだが、このときばかりは。とにかく当選できればいいが、万一のことがあれば、私を応援してくれた人たちに迷惑をかけるという心配が一番だった。

当時、小学3年の長男と1年の次男が、1時間おきに仏壇に手を合わせていた。「お父さんが、当選しますように」と。その姿を見て、この子供のためにも当選したいものだと私も神仏に手を合わせた。次男からは、「お父さん、なんで帯広に生まれなかったんだ。大誉地なんて小さいところでなければまた（票が）違ったのに」と言われた。

しかし、結果的には、あの足寄の大誉地という田舎だから、結束もあってみんな頑張ってくれた。のちに子供たちも「あの、足寄でよかった、やはり山の中の僻地の人間関係というか、人の優しさ、思いやりがあったればこそ勝負ができた」ということを理解してくれた。

そして19日の午前10時半、民放テレビから「鈴木宗男、北海道5区、無所属新、当選確実」というテロップが流れた。

それでも私は「浮ついちゃいかん」、NHKから当確が出るまではと思い、うちで待機していた。事務所からは「心配ない。事務所に来い」と電話が来た。そのうち、中川先生の弟、北海道議の義雄さんが迎えに来て、「何やってるんだ。間違いなく当選だから、もう事務所へ出て来い」と怒られた。そしたらちょうど、NHKの当確が出たもんで、おもむろに事務所へ向かった。

このとき、秘書に頼んで、子供の小学校に行ってもらった。当選を知らせてくれ、と。まず最初に子供に知らせようと思った。あの頃、子供が書いた激励の手紙を今でも額に入れてもっていますよ。

ドラマだったな、あの頃。

あれから何度も選挙を経験した。結局、人の気持ちをつかむのは「真剣さ」なんですよ。作り笑いはダメ、形だけの握手もダメ。やはり本当に根性をかけて、心をこめて、「お願いします」と頭を下げられるかどうか。いいかげんでは感動も湧かんし、真剣味は伝わりませんよ。

そういった意味では、今の政治家は、本当に根性をかけて選挙をやっているようには見えない。小選挙区はダメだね。政党本位というが、ムード、ご機嫌取りみたいな形になっている。やはり政治家は人物本位でなければならない。

選挙になれば必ず「鈴木宗男の箱乗り」が話題になるが、あれだって腕力、筋肉がなければやれない。怪我をする。敵方は、「あんなアクロバット的な乗り方は道路交通法違反だ」なんて非難するが、そんならやってみろ、まねしてみろ、と。こっちは身体張ってやってるんだ、という気持ちがありましたね。

そして19日、無事、当選し、まず中川先生のお墓参りを済ませた。26日が初登院の日で、その前日に上京。真っ先に金丸先生のご自宅へ挨拶に伺った。

金丸先生は、開口一番、「よくやった」とねぎらってくれた。そしてその次に出た言葉が、

「おい、鈴木君、借金なんぼある?」

でした。私は正直に、

「1000万円くらい借金が残りました」

と答えた。すると、

「お前、一桁違うでねえか。ずいぶん安上がりな選挙したな」

と。いや、当時の中選挙区というのはやはり選挙に何千万円もかかる。あの金権選挙といわれた千葉3区では何億円ですから。金丸先生のお膝元の山梨県も全県1区。これは大変なお金がかかっている。

私が最初に金丸先生を訪ねたのには理由があった。昭和58年12月の衆議院選挙は、ロ

ッキード判決選挙で自民党が惨敗した。新自由クラブとの連立となり、無所属の鈴木宗男が自民党に入るか入らんか、というのが焦点になっていた。単なるひとりというのとは違う重みがあったんです。

私は、ここは金丸先生の顔を立てる。「身柄は金丸先生に預けます」と言った。

金丸先生は、すぐに二階堂《にかいどう》進幹事長に電話をした。

「今、鈴木君が来ている。自民党に入るかどうかは、おれが一任をもらった」

そして、

「今、聞いたら鈴木君には借金が5000万円ある。だからこれは、自民党に入ってもらうためには、そこは担保しないといかんわな」

すると二階堂さんは、

「いや、今、選挙が終わったばかりで、金があるかといえば……」

と口を濁す。

「いやいや、二階堂君、わかった。おれが立て替えておくから」

当時、自民党から選挙に出ると、公認料と貸付金と称して2000万円もらえることになっていた。それに派閥から1000万円。

金丸先生は、そこら辺のことをちゃんと計算しているわけです。党からいくら、派閥からいくら。

もうひとつ、選挙違反の後処理の費用がかかる。私も後援会の幹事長は捕まるわ、市議は捕まるわ。弁護士費用もバカにならない。秘書には夏・冬のボーナスもやってないわけですから。

そうしたあれやこれやを計算すると、相当な額になるんです。

竹下先生にも挨拶に行った。言われたのは、

「あれだ、鈴木君。これ選挙違反というのは、残っている奥さん方が大事なんだ」

そして竹下先生は、私の捕まった後援会幹事長の奥さんに電話してくれた。大蔵大臣室から。

「竹下登でございます」なんて挨拶して、「いや、このたびはご迷惑をかけて」と。

選挙が終わって年末ですから。

「とにかく生活費。年越しの費用だけもって行け」

とアドバイスされた。これはまた竹下流の気配りというかね。

だから私は言われた通り、地元に帰ると選挙違反で捕まった者の奥さん方を回った。弁護士も全部こちらで用意していると伝え、生活費も届ける。奥さん方は安心する。少しでも納得してもらう努力をした。

そうしたら、なかには、

「いや、何日、捕まっていてもいいですよ」

なんて、態度がコロッと変わって感謝されたぐらい。やはり竹下さんの知恵というのは絶妙なものがありましたね。

19 誰についていくかが肝心 ――「今頃来るようじゃ、縁がなかった」 政界処世術①

私は、政治家として、産みの親は中川一郎先生、育ての親が金丸信先生、今の師匠は野中広務先生、と言っています。

もともと中川先生と金丸先生とは仲がよかった。金丸先生は、「おれは中川から息子は政治家にしない。おれのあとは鈴木だと聞いている。だからおれが後見人だ」と言ってくださり、帯広にまで応援に来てくれた。私が国政選挙に立候補する前、同じ選挙区で自民党現職代議士の北村義和氏が金丸先生を訪ねていた。同じ田中派だ。

「金丸先生、田中派の私がいるのに、なんで鈴木のところへ行くんですか？」

と。そのとき金丸先生は、「北村義和？　そんな国会議員いたか？」と聞いたというんですよ。「いや、私が北村本人です」と返す。

「じゃ、北村君とやら。君は当選してこの方、金丸信のところに挨拶しに来たことはあるか？」「いや、今日が初めてです」

すると金丸先生はおもむろに、

「将来、それなりの政治家になろうとするならば、金丸信のところに挨拶に来ても悪くはないぞ。それが君、今頃来るようじゃ、縁がなかった。ご苦労さん」

そう言って帰したと金丸先生から聞かされた。これもすごい話だ。

私は、中川先生のおかげで金丸先生にもかわいがってもらえた。私は忠犬ハチ公みたいなもので、中川先生が例えば右手をポケットに突っ込んだら何を欲しているか、左手なら何が必要かとか、その一挙手一投足まで気にしていたものだ。同じように、金丸先生にも気を配った。

金丸事務所に生原《はいばら》正久さんという秘書がいた。金丸先生の日程を握っている。秘書時代の私は生原さんにもご指導いただいていたので、金丸先生の情報も入ってくる。その生原さんも、竹下事務所の青木伊平さんには一目置いていた。私は伊平さんとも親しかった。竹下先生から、

「鈴木君、青木伊平とうまくやっておけな。いろいろ教えてもらえやな」

と、ずっと若い頃から言われていた。こうした秘書時代のつながりがあったから、金丸先生ともご縁ができたと思う。

当時、自民党は派閥全盛時代だった。私は金丸先生のお世話になっているから、当然、田中派に入るという選択肢があった。

しかし、私は考えた。金丸先生には、竹下先生を総理にしたいという思いがある。金丸先生は、田中派でありながら、田中角栄先生が一番恐れた男なんですね。そして金丸

先生は金丸先生で、やはり自由にできる子分がいた方がいいわけです。

田中派に入ると身動きが取れなくなるおそれがある。だから私は、金丸直系ということで、派閥に入らなかった。

10年間、無派閥でいた。でも、金丸先生は私の当選後、すぐ総務会長となり、1年後に幹事長、さらに中曾根内閣のときの副総理と自民党副総裁。もう金丸先生のひと声は天の声でしたから、私は何も派閥に入っていなくても、金丸先生に頼めば望みのポストに就けたんです。

委員会で人気があったのは、予算、農林水産、建設、運輸、郵政。普通、1年生議員では入れないんだけど、私は無所属から自民党に入る条件として「希望を全部かなえる」と言われていたから農林水産委員会に入れた。

当時の国会対策委員長は藤波孝生先生。金丸先生が「鈴木は農水委員会だ」と担保してくれたから即入れた。

麻布の金丸邸には、朝、よく通ったものですよ。やはりご機嫌伺いというのは必要です。いろんな政治家が足を運んでいた。

中川先生は福田邸によく行った。それを見聞きした森喜朗先生は気をもんで、安倍晋太郎先生によく言ったそうです。

「中川さんは、しょっちゅう福田邸に行っている。安倍先生、先生もやっぱり福田先生のところにいかんとダメだ」

と言うと、安倍先生は「おれはおれだ」と意に介さない。

安倍先生は、なかなか世代交代してくれない福田赳夫先生に対し、面白くないと思っていたのだと思います。

金丸先生は永田町のパレロワイヤルに個人事務所を構えていたが、そこに親しい連中を集めてよくマージャンをやる。西田司《まもる》、野中広務、中村喜四郎、中島衛《まもる》氏といった面々。やはり野中先生は、金丸先生の信用があった。そうした場で、金丸先生が「やっぱり鈴木というのはなかなかなもんだ」と言ってくれるものだから、野中先生も非常に私を大事にしてくれた。

金丸先生のあと、野中先生が私を引き上げてくれることになる。野中官房長官時代に私は官房副長官。この野中・鈴木ラインというのは、一番強力と言われた。

話は戻るが、東京佐川急便の事件が起きる前のこと。金丸先生から、

「おれの目の黒いうちは面倒をみる。しかしおれも、いつまでも生きているわけでねえ」

と言われた。そして、「新生クラブ」という藤波孝生先生のグループに入れと言われた。派閥横断的な勉強会で、森喜朗、羽田孜、野田毅《たけし》各氏がいた。

金丸先生の考えでは、竹下先生のあとは藤波さんだった。「竹下に4年やらせた後は藤波だ」と、金丸先生は話されていた。だから私は新政クラブに入った。

その後、藤波さんはリクルート事件で失脚する。田中派は、竹下先生が創政会を旗揚げして分裂。竹下先生は総理になるが平成元年、リクルート事件と消費税問題で退陣。平成3年に宮澤内閣となるが、宮澤先生もリクルートにひっかかって政治改革の議論になる。そこで小沢一郎先生が離党。

平成5年、小渕派ができる。そこで私は小渕派に入るわけです。平成2年の消費税選挙までは金丸一辺倒。平成5年の選挙は新党ブームで自民党が負けるわけだけど、小渕恵三、橋本龍太郎先生が頭角を現していく流れだった。

20

自前の子分を一人ずつ作っていく——中川一郎を見習って　政界処世術②

私の政界での生き方は、中川先生のイメージと重なっている。

中川先生も当選するまでは大野伴睦先生に仕えていた。当選して半年で大野先生が亡くなる。それから中川先生はひとり歩きなんですよ。

最初は水田《みずた》派、次に船田《ふなだ》派と渡り歩くけど、いずれも弱小派閥。その後、中川先生は自前で政治資金を作り、中川派を作っていった。その歩みを見ていたから、まず必要なのは志を同じくする仲間を何人かキチッと面倒見るだけの体制を作ることだと学んだ。

だから私は、将来、自前で一派を構えようと思っていた。

初当選し、田中派に入ったところで、当時、すでに中村喜四郎先生が若手のエースだった。私よりひとつ年下だけど、27歳で初当選して私より当選回数が2回多い。私はせいぜい中村喜四郎先生が官房長官になったとしたら副長官になるのが精いっぱいだった。あと鳩山邦夫先生がいた。あの人も27歳で当選してますから。

国会議員には序列というものがある。これは田中派にいても自分の芽はないな、太刀打ちできないな、と考えた。

平成2年の選挙で、私は当選3回となるが、その頃には自分の子分をひとりづつ作っていけばよいと考えていた。ちょうど松岡利勝氏をはじめ何人かを応援していた頃です。

まだ小渕派に入る前のことだったけど、のちに今度は小渕さんが総裁選挙に立ったときには、他派閥の松岡利勝氏なんかが一生懸命動いてくれた。これで小渕さんは、「鈴木宗男はなかなか粗末に扱えんぞ」となるわけです。

とにかく、当選1回、2回のときは、自分の選挙で精いっぱいだから、人の面倒を見ている余裕はなかった。

松岡氏は農水省出身。昭和44年入省組で、同期でのちに事務次官になる石原葵、民主党国会議員になる荒井聰らと、入省3年目くらいから勉強会をやっていた。中川先生は、こういった連中の面倒を見ていた。その関係で、中川先生が亡くなったあと、私がそうした関係を引き継いでいたんです。

その中で、松岡氏は熊本県の名門済々黌《せいせいこう》高校出身だったが、鳥取大学の農学部卒業で、林野庁に技官として入った。早くから中川先生を頼って政治家を目指し、私のところにも出入りしていた。

平成2年の選挙は、消費税選挙で土井たか子氏が「山が動いた」と言った選挙。私は、無所属で当選した松岡を、安倍派に入れた。安倍晋太郎先生は幹事長だった。

あのとき、安倍先生は九州、四国、中国地方の新人議員を取り込んでいた。そこに私が中に入り、松岡氏を安倍先生のところに連れていった。その時安倍先生は、

「おれの代は、松岡君、君は私の言うとおり動け。おれがいなくなったら、君は鈴木君と共にすれ」

と言われた。平成2年2月当選の松岡利勝は私の最初の仲間だった。

平成8年10月選挙の当選組を中心に、翌年、「ムネムネ会」というのを作った。河井克行、桜田義孝、吉川貴盛、新藤義孝、渡辺博道、のちに愛知県知事になる大村秀章氏ら20人くらいでスタートした。小渕派の1年生議員で、さらに派閥横断的に。

会の名前の由来は、あの頃、うちの娘が私のことを「ムネムネ」と呼んでいたもんだから、河井克行氏が「それがいい」と名付けた。

当時、私は党の副幹事長だった。「副」といっても私は総裁直属の副幹事長で、選挙の仕切りもしていた。

平成9年には「構造改革研究会」という勉強会も立ち上げた。代表が伊吹文明、幹事長・鈴木宗男、事務局長・渡辺喜美《よしみ》。私はいずれ伊吹さんを総理にしようと考えていた。だから会の代表が伊吹。最終的には派閥横断的に約70人が参加した。私が50人集めて、伊吹さんが20人。ムネムネ会のメンバーも参加している。

政治資金の作り方は、竹下先生に教わったやり方である。

竹下先生は、かつて日通の「金の延べ棒事件」で、大金をもらったのではないかと騒ぎにまきこまれ、事件にはひっかからなかったが事情聴取は受けた。

竹下先生に私はこう教わった。

「だから鈴木君、まとまった金をもらっちゃダメだ。広く薄く浅く。君は若いんだから長く付き合っていくことだ」

私は1万円の会費で、全国に後援会組織を作っていった。中川先生の後援会をそうやって作っていったし、私もそのやり方をそのまま踏襲した。

振り返ってみると人の縁とは面白いもんだが、当選して間もなく、玉置和郎先生に怒られたことがあった。

「おい、鈴木君。国会議員になっただけで満足してはダメだ。君なんかがもっと声を出すべきだ。35歳で国会議員になって、それだけで今の地位に甘んじているなんて、選挙民をバカにしている！」

ずいぶん檄を飛ばされたもんです。

玉置先生も、一匹オオカミで仲間を増やしていった。私は中川先生の生き様を見て、何も派閥に頼らなくても自前で生きていくんだ、自分で子分を作って、それなりの存在感を示せばいいと考えていました。

21 目先の利益に飛びつくな！——票にならない外務政務次官を選ぶ　政界処世術③

金丸先生のおかげで、希望のポストを選ぶことができた。

当選2回目、私は防衛政務次官になった。政務次官人事は、党の副幹事長が整理していた。当時は田中派の中西啓介氏。金丸先生が言えば鶴の一声だった。だから中西氏は、

「宗ちゃん、親分から言われているから、宗ちゃんの言うとおりにしますから」

と言っていた。なぜ防衛かというと、若いうちに安全保障の勉強をし、将来に備える思いがあった。

当選3回になり、次に希望したのが外務政務次官だった。普通は誰もが票になるポストに就きたがるが、私は外務政務次官を狙った。

外務政務次官は聞こえはいいが、選挙には関係なく思われていた。

金丸事務所の生原秘書から電話が来た。

「親父に言っておくから、鈴木さん、すぐ頼みに来い」

と。私は金丸先生のところに行き、外務政務次官を頼んできた。

事務所に帰ってくると、秘書連中はみんなガッカリした。

しかし、私には計算があった。先を考えての判断だった。

以前、私は中川先生が農水大臣の頃、アメリカとのオレンジ自由化交渉をつぶさに見て、これからは、外交が農業から国民生活すべてを決めると考えていた。当時、大規模店舗の問題で、アメリカの店舗が来るとか来ないとか騒がれていた。

それ以外にも200カイリ問題、国際入札問題。高速道路やダム建設でアメリカの建設業者が入ってくる。農業や中小企業を守るのは外交だ、というのが私の頭にあった。外交に強くなければ国民生活を守ることはできない。

地元の人には「なんだ、そんなポストもらって」と怒られた。みんな選挙優先、目先の利益に飛びつく。そのためには農水政務次官がいいとか、郵政、建設だとか手っ取り早い方がいい。

だが私は先を見た。これからは、外交に強くなければ頭角を現せないぞ、と。

外務政務次官になった直後、1月に湾岸戦争がはじまった。4月にゴルバチョフ・ロシア大統領が来日。8月にはクーデター騒ぎが起こり、ゴルバチョフの生死が不明な中、世界でいち早く、佐藤優さんが生存情報をキャッチして知らせてくる。10月には私は51年ぶりのバルト3国との外交関係樹立のため、政府特使を命ぜられた。

激動の時代に巡り合わせた。だから、外交の世界でも圧倒的に鈴木宗男の存在が話題になった。

結果的には先見の明があったと思う。外務政務次官になったことが、のちに生きてくるわけだ。

ユダヤ人救済のために大臣の命令に背いて「命のビザ」を発給した杉原千畝氏の名誉回復も、外務政務次官の時、私が実現した。

今の北方領土、ロシア問題、TPP問題などなど。私は10年、20年、先を読んで動いてきたから、「ああ、鈴木宗男がいれば」といわれることが多い。これは今の私の存在感のひとつにつながっていると思う。

22

出世したいなら下の面倒をみろ ――「ピストルを持ってきたやつは困る」 政界処世術④

私は中川一郎先生を見習って、自前のグループを作っていこうと考えた。

政治の世界では、派閥であれ政策勉強会であれ、やはり同じ価値観、同じ志を共有できるということが必要だ。その上で、私の目から見て、これは使いものになる、やる気があるから鍛えれば伸びる、というような政治家を仲間にしたいと思った。

とはいえ、相性というのが一番にある。それは皆さん方の中でも、やはりこいつとは酒を飲みたくない、ご飯を食べたくない、とか、なんとなく気持ちが合うとかいうのはあるでしょう。

グループの上に立つ者として、私が一番気をつけたのは、笑顔なんですよ。誰でも気さくに取り込む、壁を作らない。とっつきにくいと人は集まってこない。作り笑いや、杓子定規に対応する人のところには、なんとなく足を運びづらくなるものです。

「気さくさ」ということでは、中川先生がよく言っていた。

「おい、鈴木君な。ピストルを持ってきたやつは困るけど、それ以外はなにを持ってきたやつでも事務所に入れろ」

ピストルでドンとやられたら逃げようがないけど、日本刀なら机や椅子があるからなんとか防げるというわけだ。要は、「来た人はなんでも受け入れろ」と。

そして相談を受ける。「人の悩みはよく聞け」とも言われた。人間関係を作る。これは「政治家にとって一番大事」ということを教えられた。

組織をまとめていくには、親しみやすい雰囲気を作る。その上で、同じ目標なり目的、価値観を共有するということに腐心した。

よく「恫喝の鈴木」といわれたけど、これはマスコミが作った誤ったイメージで、それでは人はついてこない。佐藤優さんも本に書いてますが、鈴木宗男が官僚を怒るのは、ウソをつかれたとき。説明をきちんとしないでショートカットされたとき。

「鈴木さんが怒ったのはそれしかない。私は20年付き合っているけど、鈴木さんに怒られたことはない」

と言ってくれています。

どちらかというと、私は明るいんですよ。バーンとものを言うけど、後腐れはない。怒ったあとは、「お前には将来がある。見込みがあるから怒るんだ。まったく使い物にならんやつには注意もしなければ怒りもしないぞ」とフォローすることも忘れない。

私の生き様は、「騙すより騙されろ」です。私は人を騙したことがない。だから今でも昔から付き合っている人は離れない。

佐藤優さんに言われたことがある。

「鈴木先生は、役人にガーンと一発言って、それで役人が謝ってきたらすぐに許してしまう」

それでは駄目だ、と。

「役人というのは、怒られたことは頭に残る。許してくれたことは忘れてしまう。これが役人の習性です。先生、それは気をつけられた方がいいです」

と。佐藤さんが言うのは、役人というのは、ねじって、ひねって、さらにねじって、ひねって。最後までねじって、ひねってやっていく。そこで初めて付いてくるのが本物、離れていくのはそれでもういい、というわけだ。

例の「鈴木バッシング」が始まったとき、一番面倒をみた外務省の役人が、一番先に手のひらを返した。私に「恫喝された」とか「殴られた」とか、ありもしないことを言われた。

これは私自身の「徳のなさ」と思って諦めるしかないが、しかし私は、人間関係においては細心の気の使い方、注意を払ってきた。少なくとも、永田町では「気配りの鈴木宗男」でそれなりに評価されていた。

だから、宗男バッシングのときに、マスコミを通じて、私の実像ではなく、虚像、間違った、誤ったイメージが伝わっていた。

ただ、当時、私はあまり気にしていなかった。古くからの人は私のことをわかってくれていたから。どうでもいいような連中が、作り話を流していたにすぎなかった。

中川先生からよく言われたものです。

「出世したいなら下の面倒をみろ」

と。相手が役人なら、「局長にではなく、下の者に焼酎を一本持っていけ」と教わり、その通りのことを心がけて実践してきた。「恫喝」ではない、それなりの人心掌握術と、人を束ねる人間性はもっていたと今でも思っています。

第４章

暗転「ムネオ疑惑」

——検察そしてガンとの闘い

23

出る杭は打たれる、出過ぎた杭は抜かれる

――小泉総理「必ず借りは返す」田中真紀子更迭

私は1番になるよりも、圧倒的な力を持った2番になろうと思ってました。

1番というのは、これはもう神のみぞ知るですね。私は田中角栄先生から言われて今でも印象に残っている言葉があります。

「いいか、鈴木君。1番、これは狙ってもなれない。そのときの、やっぱりさまざまな巡り合わせなんだ。しかし、2番は狙ってなれる」

2番になるためには、やはり仲間を作っていかなければならないし、経済的な余裕がないとできない。しかし狙ってなれる。

そう教えられてきたので、トップを1年、2年やって終わるよりも、5年、10年と圧倒的な力をもった2番、3番の政治家になる方が、より国や社会に貢献できると思っていた。

天下の副将軍といわれた大野伴睦先生、あるいは金丸信先生。野中広務先生も影の総理といわれたように、総理が一目も二目も置く政治家になることが目標だった。中川一郎先生だって、生きてさえいれば、1番はその時の巡り合わせだけれども、2番には絶対になれたと思う。

私には、工程表があった。30代で国会議員になる。40代で大臣になる。50代で党役員、そして60歳を過ぎてからが政治家として最後の勝負だという思いでいた。

おかげさんで、35歳で国会議員になり、49歳で大臣になった。50歳で官房副長官、51歳で党の総務局長、ここまでは順調にきた。本来、そこらへんから仕上げの段階に入るんだけど、国会議員になってちょうど20年目に逮捕されてしまったんだ。

昔から「出る杭は打たれる」といわれるけど、私は、出過ぎたら打たれないと思っていた。「出る杭は打たれる。出過ぎた杭は打たれない」。ところが「抜かれる」とは計算外だった。「出過ぎた杭は抜かれる」まさにそれだった。

よく言われた。

「鈴木宗男は叩き上げだ。しかも田舎育ちで、粗野な男だ。だからお前、出過ぎると、やっかみ、ひがみがあるぞ」

と。出る杭は打たれるというのは昔から宿命みたいなものだ。しかし、出過ぎれば打たれないと、私はある種、前向きに考えていた。

取り方によっては、開き直っている、あるいはギラついていると映ったかもしれない。しかし私は、頑張っていればなんとかなる、人一倍努力すれば認めてもらえると思っていた。けれど、計算外だった。

なにが足元をすくったのか。やはり政治の世界の「ねたみ、ひがみ、やっかみ」だったと思う。特に権力の世界ですから。私は政界の異端児というか、今までにないタイプの政治家だったからかもしれない。

中川先生からも教えられていたことだった。男の世界で一番厳しいのはポストをめぐる争い。ポストに対する軋轢は計り知れないのだと。北海道の羆といわれた中川先生でさえ、自ら命を絶つくらい政治の世界は厳しい。

私はそれなりに心してやってきたけれども、やはり甘かったというか、不徳という部分があったかもしれない。

平成14年1月31日、私は田中真紀子外務大臣と刺し違える形で、衆議院の議院運営委員長を辞めた。これは小泉総理の考えで、田中外相のクビを切るから、鈴木さんも辞めてくれ、と。田中更迭の3日前、飯島秘書官が私を訪ねて来た。

「小泉は腹を決めました。田中のクビは獲ります。ついては鈴木さんにも協力してもらいたい」

それは、私も議院運営委員長を辞めるということだな、とすぐにわかった。私は、田中真紀子氏が外務大臣を1日も早く辞めることが日本の国益になると考えていたわけですから、それでよしと思った。

ところが、女房はこのとき私にこう言った。

「お父さん、これは小泉さんに利用されるだけですよ。一番人気のある田中さんのクビを切るとき、小泉さんひとりでクビを切ったら世間の風圧は小泉さんにいく。でもあなたを使うことによって、風圧が逆にあなたに来ますよ」

そこまではっきり言った。しかし、私はこういう性格だから、

「いや、もう小泉総理も、ここは田中のクビを獲るというのは大変な決断なんだから、

それに協力した方が日本のためになるんだ」

と押し切った。女房は、

「でも、必ず世論の矢はあなたに向いてきますよ」

と言ったが、事態はその通りになった。

国民的な人気のあった田中真紀子氏のクビを切ったのは、任命権者である小泉総理であるわけだが、実際は私が切ったというような空気になっていった。

そもそも田中真紀子氏の更迭は、田中自身の国会でのウソの答弁が決定打になっていた。田中氏は国会で、「鈴木宗男がNGOを切った。会議の席で、野上事務次官が『鈴木の意向だ。鈴木から言われた』と言っていた」と答弁した。その会議には、「外務省の幹部が7人出席していた」と。

しかし、誰もそんな話は聞いていない。鈴木の「す」の字も出ていないわけですよ。そのことは、当時の安倍晋三官房副長官が、その7人の外務省の役人全員にあたって確認された。田中氏が国会でウソをついたことが明白になったから、小泉総理は切らざるをえなくなったわけですよ。

ただし、田中氏には根強い人気があった。ここは小泉総理の勘が良かったというべきか、飯島秘書官と私の仲がよいのを小泉総理は知っていただろうから、3日前に飯島さんを私に差し向けた。

そして、小泉総理が田中氏のクビを切った直後、本人から直接電話が来ました。

「鈴木さん、すまん。大変な借りをつくった。必ず返す」

と言うんですよ。

私は、一瞬、なら、この次の組閣では大臣を希望しようなんて能天気に思ったりもしたんだが、小泉総理は続けて、

「私は官邸にいて行けないが、代わりに山崎幹事長を今、鈴木さんのところに行かせるから挨拶を受けてくれ」

と。山崎拓幹事長が来て、うやうやしくこう言った。

「小泉総理は、くれぐれもよろしくと言っていました。鈴木先生には大きな決断をしてもらった、と言っておられました」

そのとき私の部屋には、松下忠洋、下地幹郎、新藤義孝、吉川貴盛ら「ムネムネ会」

のメンバーが12、13人、私のことを心配して集まっていたが、幹事長のその言葉に仲間も納得した様子だった。

しかし、それからなんですね。「宗男バッシング」に火がつき始めたのは。

24 一つ言えば百返ってくる
——「宗男バッシング」の渦中にあって

平成14年3月15日、私は党に迷惑をかけてはいかん、という判断から離党を決断した。

野中先生や古賀誠先生は、最後まで私のことを心配してくれた。山崎拓幹事長に離党届を出しに行くとき、野中先生は一緒に付き添ってくれました。

言われて辞めるのではなく、自ら進んで辞める。それが私の考えだった。野中先生がやっぱり辛かったと思うんですよ。当時、野中・鈴木ラインといわれていたから。

野中先生に対する風当たりも強かったと思う。宗男バッシングの嵐の中で、野中先生もどこかで鈴木の離党を考えなければいけないな、とは考えていたでしょう。私は、それを先読みして、野中先生から言われる前に、「野中先生に負担をかけてはいけない」と思い、離党を決めたんです。

宗男バッシングとは、もとはといえば外務省内部からのリークがなされたことに端を発している。北方領土返還交渉で、鈴木宗男は2島返還で決着をつけようとしているとか、二元外交をやっているだとか。

新聞、週刊誌、テレビ等のマスコミでは、いつ鈴木宗男が逮捕されるかと取り沙汰される。

あの時、改革の旗手・小泉、抵抗勢力の一番手・鈴木宗男と言われた。

当時、福田官房長官と新聞記者が懇談した、いわゆる記者懇メモを見ると、「鈴木が逮捕されても政権にはなんの影響もない」だとか「宗男疑惑は外務省に全部出すよう指示している」「捜査はガンガンやればよい」とか、そういう内容が出てくる。

こうなると、「官邸が鈴木の逮捕を容認している」というメッセージ効果がある。総理は記者懇なんてしないし、官房長官の発言が官邸の意向と受け止められる。だから、

「官邸も了解しているぞ」と検察当局も判断し、動きやすいわけだ。

中川先生は福田赳夫先生とぶつかり、これまた鈴木宗男も福田康夫氏とぶつかる。これも因縁だと思うが、めぐり合わせということになる。

福田康夫氏は政治家になった時から外交に関心をもっていたが、小泉政権になる前は、外務省に対し私が影響力を持っていた。そんなこともあって、福田氏にとって鈴木宗男は好ましからざる人物だったことだろう。

マスコミは興味本位でガンガン「宗男疑惑」と書く。世論は「そんな悪いやつは早く捕まえてしまえ」という空気になりますね。燃え盛る火というのは止めようがなかった。

こうした逆風の中、野中先生に言われた。

「鈴木さん、反論はするな。一つ言えば百返ってくる。黙っているのが一番だ」

とアドバイスされた。私も、とにかくじっと暴風が過ぎ去るのを待つしかないな、という心境だった。

あのとき、私は気を強くもっていたつもりだったが、女房から見ると違っていたそうだ。

離党直前の頃から私はホテル住まいだった。大勢のマスコミが張っているから家には帰れない。近所迷惑になる。しかし、女房は絶対、私をひとりにしなかった。必ず、女房か長男次男、あるいは秘書が一緒にホテルに泊まった。女房が言っていたのは、

「ひとりにしたら死んでしまう。変なことを考える」

女房は、中川一郎先生なんかを見ていてそう思ったんだろうね。

確かに、新聞、週刊誌を開いたら鈴木宗男、テレビのスイッチを入れても鈴木宗男。私が出ない日はない。だからもうテレビを見るのも嫌だし、新聞、週刊誌も読まない。社会との断絶ですね。

とにかく空しいんですよ。人一倍働いてきた、頑張ってきた者が、すべて否定される。その空しさ。人生、生きている意味がないんでないか、死んだ方が楽なんでないか、なんて思いが去来するんですね。

ただ、以前に同じようなバッシングを受けたから、耐えられたということはあったかもしれない。中川先生が自死したとき、私は人殺し扱いされた。あのときに比べたら、

今回は抵抗力、基礎体力があった。現職の国会議員でもあったし、議員辞職決議が可決されても辞めないだけの信念をもっていた。

しかし私自身は、「負けてたまるか」という気持ちをもっていたつもりだったんだが、女房にいわせれば、「外から見たらもう腑抜け。魂がなくなっている」と見えた。

後に、国会議員の松岡利勝さんが自殺したとき、松山千春さんがラジオで話してくれた。

「松岡さんはなんと情けないんだ。あのぐらいのバッシングで亡くなるのなら、うちの宗男さんは何十回死んでも足りないくらいだ。ただ1点、うちの宗男さんにいえることは、政治家としてやましいことはなかった。だから宗男さんは強いんだ」

とね。

マスコミが散々、「宗男逮捕のXデーは」と書き立てるから、こっちも早く捕まえてくれ、という感じになったけど、政治家としてやましいことは一切していない、という強い気持ちはもっていた。

25 「悪魔の囁き」に負けるな——鈴木宗男逮捕「賄賂なら4億5000万円」

巷間、いわれた「宗男疑惑」というものは、全部デタラメだった。

最初にいわれたのが国後島に建てた「友好の家」、いわゆるムネオハウス。鈴木が全部、地元業者を使った。賄賂をもらってるんじゃないか、と。

しかし、マスコミ情報はまったく正しくなかった。

そもそも人道支援事業では、北方領土返還運動の原点である根室の業者を使うことになっていた。友好の家では、だから地元の犬飼工務店と渡辺建設工業を使った。ところが、実際には大手の日揮と日本工営が入っていたんだ。日揮は外務官僚の天下り先で有名ですよ。この大手を外務省は実質使ったために、地元の2社を形だけの契約先にしていたんです。

これに私はまったく関与していない。4月末に、うちの第一秘書の宮野明が偽計業務妨害で捕まった。普通、秘書が捕まると2週間ほどで起訴されると同時に、私のところに来るのが流れだけど、全然、来なかった。

もうひとついわれたのが、北方領土に建設した「ディーゼル発電施設」にまつわる疑惑。工事の委託をうけたのは三井物産だったが、これも私は1円ももらっていなければ、頼まれたこともない。

そもそも三井物産は外務省が決めた。なぜ物産かといえば、北方領土での工事で2、3カ月日本人が働いていて、そこで何か現地との間でトラブルが発生したら、領土返還交渉なんて吹っ飛んでしまう。

そこで、労務管理のしっかりした会社はどこだ、ということになり、ソ連時代から三井物産は共産圏に強かった。だから物産に預けておけば心配ない、というのが外務省の判断だったんです。これも私のまったく知らないところで決められていた。

いかに検察の捜査が杜撰だったか、ということですよ。NHKでさえ、ディーゼル発電で鈴木宗男が逮捕されると流していたくらいですから。

次がアフリカのODA疑惑。ケニアのソンドゥ・ミリウダムで、鈴木宗男が工事を落札した業者から賄賂をもらっていたという。

これは3月11日、国会の証人喚問で「あなたは疑惑の総合商社ですよ！」と私を追及した辻元清美代議士が指摘した。これもバカな話だった。

私はその会社から30万円の政治献金をもらっていた。届け出もしている。ただし、その会社は、昭和58年から毎年私に献金してくれていたんですから。

それを30万円が賄賂とは。ダムの契約は１５０億円。普通、コミッション料は３％ですから、商行為なら4億５０００万円もらって当たり前なんですよ。だからこれも検察は事件にできなかった。

この１５０億円は、円借款ですから今でもケニア政府からきちんと返済されている。鈴木宗男が口を利いて、国民の税金をムダに使ったわけではないんです。

そして、時間がだんだん過ぎていくと、世論は「なんで悪い鈴木宗男を捕まえないんだ」というふうに矛先を検察に向けてくる。検察は、こうなったらなんでもいいから逮捕と考え、そこで出てきたのが「やまりん事件」だった。これは事件の入り口。この容疑で逮捕しておいて、数々の疑惑につなげようとしたんだろうが、そもそも検察のシナリオが間違っていた。

平成10年8月4日、私は官房副長官に就任したお祝いとして、製材会社「やまりん」の会長から400万円の政治献金を受け取った。会長は長年にわたる支援者だったから、ありがたく頂いて、領収書を渡し、正規の政治資金として政治資金規正法に基づく届け出もしていた。しかし検察は、これをあっせん収賄容疑とした。

私は取り調べの検事に、裏金でもなんでもなく、表の金だから届け出をしている。「あんた方、おかしいと思わないか」と言ったんだ。さらに「おまえらは権力を背景にして、これは国策捜査じゃないか」と聞いた。すると谷川恒太検事は、「そう言われれば、その通りです」と。

「われわれは権力を背景にしてやっております」と言うんだから、私は愕然とした。この話を佐藤優さんにしたら、「国策捜査」というのを佐藤さんが広めてくれたんですね。

佐藤さんが逮捕されたのは5月14日。「鈴木先生、今、検察官が来ました」と電話をもらった。佐藤さんは出頭命令に応じなかったので、外交史料館で逮捕された。このとき佐藤さんは、

「先生、外交上のプロトコール（外交儀礼）にのっとり、先生より先に捕まって、必ず先生より後に出ますからご安心ください」

と言った。私は、

「いや、おれもいずれ行くことになると思うから。お互い健康だけは気をつけよう」

と言葉をかわした。

ここで少し佐藤優さんと出会った頃の話に触れておく。

あれは平成3年10月、私がバルト三国との国交樹立を終えてエストニアからロンドンに向かうとき、佐藤さんにこう尋ねた。

「佐藤さん、私は日露関係を動かしたい。どうしたらいいか」

すると佐藤さんは、

「先生、年に1回、モスクワに来てください。私が持っている人脈を全部紹介します。1年に1回来てくれれば、10年後にトップと会いましょう」

と。よしわかった。私は外務政務次官を辞めたあとも、毎年モスクワに行った。その通りにやったら10年後に、プーチン大統領と会えたわけですよ。

佐藤さんは、小沢一郎、中川昭一、町村信孝氏などにも同じようなことをアドバイスしたそうです。しかし誰も実行しなかった。鈴木宗男だけだったそうです。

佐藤さんをすごいと思ったのは、外交官というのは蝶ネクタイでサスペンダー、ナイフにフォークの世界というイメージでしょ。しかし佐藤さんはダボダボのズボンで、当時、5日間背広を着替えないんですから。下着替えているのかわからんくらい働いていた。おまけに獣医さんが持つようなカバンを持って。これは面白い男だ、というのが第一印象だった。しかも寝ないで仕事するんですから、あれには私もしびれた。

話は戻って、私の逮捕は平成14年6月19日だった。

その後、7月23日、鈴木宗男事務所の佐藤玲子が逮捕された。政治資金収支報告書に虚偽記載したという容疑。これは事務上の単純なミスで、普通なら修正して再度報告書を提出すれば済む話。

なんで捕まるのかと思いましたよ。彼女は、会計責任者や事務責任者ではなく一介の事務員にすぎないから、逮捕しても起訴できないのです。

検察の目論見は、私に不利な調書を取ることだったわけですよ。しかし佐藤は抵抗した。「私のミスです」と。検察は「鈴木に言われて記載しなかったな」とか「政治資金をごまかしたのも鈴木の指示だな」と責め立てる。

佐藤はその5年前に乳ガンの手術を受けていた。それが転移して、子宮ガンとなり、5月に大手術をし、放射線治療を受けている最中に逮捕されたんです。国家権力はそこまでするのか、と愕然とした。

とにかく佐藤を20日間で拘置所から出すのが先だ、と私は思った。これは佐藤の命が大事ですから、弁護士は反対したけれども、こう指示した。私が不利になるとしても、佐藤に検察の主張を認めるよう伝えてほしい、と。彼女は検察の調書にサインして釈放された。しかし、かわいそうなことに、その1年後に亡くなってしまった。

佐藤が捕まったときに、「国家権力と争っても、なんぼこっちが真実を言ってもダメだな」という感じがした。私が逮捕されてから、これはもう検察との神経戦だった。検事は言ってくるんですよ。

「先生、バッジを外した方がいいですよ」「政治家を辞めたほうがいいですよ」と。バッジを外すということは、検察の主張を認めたことになりますから。

そして私も20年も国会議員をやってきたから、「もういいか」という気持ちにもなったんです。国家権力と戦っても無理だ、と。大臣も官房副長官もやった、総務局長にもなって選挙の仕切りもやった。まあ、やることはやったんで、弁護士に言ったんです。「もう辞めてもいいか」と。

これ、業界用語で「悪魔の囁き」というんですね。被疑者が落ち込む、弱っているときを狙って囁く。「バッジを外せ。政治家を辞めたほうが楽ですよ」とね。そこで手打ちをしていれば、私の事件は「やまりん」だけで終わったかもしれない。

このとき、「悪魔の囁き」に負けていたらまた、今日の鈴木宗男はなかったでしょう。

26 それは罠だ！　と思え——特捜検事との神経戦「娘さんに会わせる」

取調室で、特捜検事がスポーツ新聞を読んでいる。そこにたまたま、娘の記事が出ていた。娘も心配している、お父さんを信じている、というような好意的な内容だったけど、検事はチラチラさせながら読ませてくれない。これも神経戦だった。

向こうはわかっている。鈴木宗男が一番弱いのは誰かといったら、娘だと。たまたま娘が夏休みで留学先のカナダから帰ってきていた。私は家族とも接見禁止でしたが、検事は言うんですよ。

「娘さんに会いたいならば、会わせてもいいですよ」

ところが、うちの女房が止めた。弁護士に言うんだね。「それは罠だ!」と。

鈴木宗男は娘に弱い。会うと、涙を流して、もう戦意喪失。女房に言わせれば、相手の術中にはまる誘いだ、そんなのに乗っちゃいかん、というわけだ。私は娘に会いたいという気持ちをもっていたけど、女房が会わせなかった。女房は強かったですからね。こうした検事の取り調べに、普通の人だったらもたなかったかもしれない。私は前にも触れたが、女房のひと言もあり、耐えた。

結局、検察はいわれていた疑惑を、なにひとつ立件できなかった。いかに噂がデタラメであったか、証明されたと思う。

そして、保釈まで437日もかかった。

逮捕されてから5カ月が過ぎ、初公判が11月と決まる。弁護士は「第一回の公判が終わった段階で保釈されると思います」と言うんだな。私もそう思った。かれこれ150日勾留されている。過去の例からみても出れるのではないか、と。

ところがダメだった。次に弁護士が言ったのは、

「先生は現職の国会議員です。間違いなく年末には出られます。現職をあの中で年越しさせることは検察もさせません」

これもダメ。年をまたぎ、今度は3月の年度末には出られる、それもダメ。いや、お盆前には出られます、それもダメ。結局、平成15年8月29日に保釈となった。

どうしてその日になったのか。それは裁判で、検察側の証人尋問がすべて終わったからです。私から言わせれば、検察も自信がなかったと思いますよ。私を早く釈放する。私が出て「こんなのデタラメだ。みんな検察にやられている」と言えば、証人の言いぶりは変わったでしょうね。検察は誘導誤導して自分たちに都合のよい調書を作り、それをもとに尋問していくのです。

それで全部終わってから保釈された。衆議院議員として、戦後最長の勾留ですよ。5

億円をもらった田中角栄先生でさえ、認めたから20日間の勾留です。秘書給与を250万円、税金を詐取した辻元清美さんも認めたから20日間ですんだ。私は400万円で437日間。

そもそも保釈しない理由がおかしい。在所隠滅の恐れあり、逃亡の恐れあり、というんですよ。在所隠滅といっても、家宅捜索を2回もやっていて、もう持っていくものなんてないわけですから。隠滅するものなんてなにもない。逃亡の恐れといっても、この顔でどこに逃げられるか、というんですよ。当時、捕まっても私はまだ国会議員ですから、国会議員が海外に出るには届け出を出すんですから逃げ隠れできないんですよ。

本来、保釈するかどうかは裁判所の判断なんです。これもいい加減で、形骸化している。あとで聞いてわかったことは、特捜案件は、裁判所が検察に1回振るんだそうだ。「保釈していいですか」と聞く。そこで検察が「いや、逃亡の恐れ、在所隠滅の恐れがあるからダメだ」と言えば、その通り、裁判所は検察の顔を立てるんですよ。

そこで私がつくづく感じたのは、「判検交流」の問題です。判事と検事が交流する仕組み。同じ釜の飯を食った場合、たまたまその検察官が起訴した者を、知っている裁判官が棄却とか却下とかできませんわね。それは検察官の出世にかかわるんですから、ここは変な間違った情が働きますよ。

私は国会に戻ってから、一貫して「判検交流」の廃止を訴えてきた。新党大地時代に、それでそうしたおかしな交流は廃止された。

私は、自分が捕まるまでまったく知らなかったから、司法改革にも一石を投じようと思って行動してきた。取り調べの可視化を主張してきたのも私です。

佐藤玲子の病死は、ある意味、検察に殺されたといってもいいでしょう。一番大事な時期にガンの診察を受けられなかったんだから。

私の起訴容疑のひとつで、島田建設から「受託収賄」とされた事件では、島田建設の島田光雄社長が、「鈴木先生に金は渡していない。仕事も頼んでいない」と言っていたのに、脅迫まがいの取り調べを受けて、検察調書にサインさせられた。

挙句、もともと病気をもっていて体調がすぐれなかったのが、取り調べの影響で倒れてしまった。そのまま寝たきりの状態になって、島田さんは平成27年8月に69歳で亡くなったんです。これも検察の捜査の犠牲になったといえるでしょう。

27

赤ワインなら2合飲んでも大丈夫——人間ドックで胃ガンが見つかった

8月29日に保釈になったのはいいんですが、人間ドックに入って、そこでガンが見つかるわけですよ。今の国際医療大学三田病院、前身は東京専売公社病院でした。私は昭和54年にアキレス腱を切ったんですが、そのときにかかったのがその病院。以来、何かあれば通っていたし、毎年、人間ドックの検査も受けていた。

逮捕の前年も受けたが、逮捕されて平成14年、15年と受けていなかった。そこで拘置所を出たから人間ドックを受けた。胃カメラを飲んで、細胞も取って。

検査があって、その何日か後にまた行った。なにも異常がなければ通知だけ送られてくるが、今回は呼び出される。秘書の運転で病院に向かったが、私は「これはなにかあるな」と思っていた。

そしたら主治医から「ガンです」と言われた。しかも「細胞を取った結果、転移の可能性が極めて高い。すぐ手術をお勧めします」と。

私は一カ所じゃわからんと思って、セカンドオピニオンで築地のがんセンターに行った。そこでも同じ所見なんですよ。

帰り、「なんでこんな仕打ちにあうかね」と思った。逮捕されたこと自体、理不尽だ、筋が通ってないと思っている。そして、やっと出てきて、選挙に出ようと思っていた矢先。これはやっぱり世の中、神様、仏様はいないのか、と思うくらい。言葉では言えないくらい打ちひしがれて、ただ涙が出た。

私が保釈された平成15年の8月、衆議院選が行われるんじゃないかという選挙モードだったんですよ。逮捕されてから初めての衆議院選挙。私は、選挙をやってから手術をしようと思っていた。

松山千春さんは、

「宗男さんが命がけでやるというならば、その判断に私もついていきます」

と言ったが、娘が大反対だった。

「絶対選挙はダメだ。私はお父さんと一緒にいた時間が短い。ガンは手術すれば治るかもしれない。でも、2カ月、3カ月遅らせることによって進行したら取り返しのつかないことになる。手術が優先」

これには私も千春さんもまいって、

「いや、それは貴子の言う通りだ」

と千春さんが言い、私も選挙を断念することにした。

手術は10月に、築地のがんセンターで受けた。病院側も気を遣ってくれて、「スズキムネオ」じゃなくて「ササキタカオ」という名前で受付してくれた。病室のすぐ向かいが朝日新聞社なんですよ。

「先生、絶対、窓は開けないでください。向こう側は、この病室には特定の人しか入らない病室だと知ってますから、狙われる可能性があります」

と言ってくれた。

切ろうか切るまいか、悩むことはなかった。もう転移の可能性があるというから、医者に任せるしかない。私はそこらへん、決めたらもう迷わない。ここは素人判断より医者に任せるべきだ、と。

当時のがんセンターの総長は垣添忠生先生でした。その垣添先生が、「最高のスタッフをそろえます」と言ってくれた。

ガンが早期であれば、今は内視鏡で手術しますね。しかしそのときは、

「転移の可能性があるから、開けてみないとわからない」

と言われた。がんセンターで胃ガンの手術では一番といわれた佐野武先生が執刀してくれました。

とにかく開けてみないとわからんわけだから、手術に5時間かかった。終わって病室に戻る。だいたい手術の時間を計算して麻酔をかけますから、私はまったく覚えていないんだけど。

手術室から集中治療室に向かう。そのとき、お医者さんが「転移はなかったです。よかったです」と女房に言う。そしたら女房は、

「お父さん、転移はないそうですから安心してください」

と私に声をかけたというんですよ。すると、私はまったく記憶はないけども、

「それなら選挙に出ればよかったな」

と言ったというんですね。それを聞いた女房が、思わず私の頭をピシャと叩いた。お医者さんもビックリして、「やっぱり政治家の執念はすごい」と感心していたそうです。

お腹はタテに30センチほど切りました。胃の3分の2を取っています。

医者からは、適度な運動をしなさいと言われた。胃の入り口と出口をつないでいるようなもんですから、腸の活動が消化を助ける。ただし、お腹を切ったわけだから、腹に力が入る運動はダメですよ、前かがみで歩くとよいともアドバイスされた。

がんセンターには2週間いた。病院からは、1カ月ぐらい療養したほうがいい、温泉治療がいいんだ、と言われた。それで山中温泉に行った。

そこでも腹に負荷をかけないで、自転車をこぐように足だけ動かしたり、庭をゆっくり散歩したり。ほんとうは1カ月といったって、私はこんな性格だし、12月だし仕事がたまっているので2週間で帰ってきた。

手術翌年の4月には、五輪の元マラソン選手だった宇佐美彰朗さん主催の皇居マラソンに出ました。2周10キロを走った。胃ガンになってからは、腸の蠕動《ぜんどう》運動を活発にしないとダメだ、消化の促進をはからんといかんと、ここはお医者さんの言う通りにしようと、スポーツジムに週2、3回通って、筋トレやったりランニングしたりしました。

タバコは吸いません。もう中学生のときに吸ったからやめました。お酒も、秘書時代は飲まないいんですよ。バッジを付けてから飲むようになった。

「おれの酒を飲まんとお前、票を入れないぞ」とか「おれの杯を受けれんか」とか叱られる。とくに結婚式なんかは困るんですね。

親父は酒好きだった。酔っぱらって、お袋を怒ったりするもんだから、その姿を見て、私は酒はダメだ、人間が変わる、酒飲みにはならんと決めていたんです。

秘書時代、ビール一杯でも顔が真っ赤になるから、恥ずかしいので飲まなかった。しかしやっぱりこの世界に入って、酒を飲まないと商売にならないんですね。

私はビール、日本酒中心だったけども、手術してからは、お医者さんがワインがいいと教えてくれた。佐野先生はフランス留学なんですね。フランスでは、あれだけ脂っこいフォアグラなんか食べても、脳梗塞とか心臓病が少ない。それはワインだ、と言うわけだ。

それも赤ワイン。「鈴木先生、赤ワインなら2合まで大丈夫だ」と。

それで私は毎日2合飲んでも大丈夫だ、と女房に言った。女房は医者に電話した。そして私は叱られた。「あなた、毎日じゃなくて、飲むとしたら2合までということですよ」

今では週1回は酒を抜く。ビールは1杯だけ。胃が小さくなっているし、炭酸類は飲むなと言われている。炭酸類はそれだけでお腹一杯になっちゃいますから。だからこれが楽しみなんですが、ビールを小さいグラスに1杯だけ、ゆっくりチビチビ飲んで、それからワインをチビチビやる。

67歳になって今の体脂肪率は18・5％。20を切れば立派でしょう。コレステロールは基準値内（60～120）の112、中性脂肪も基準値内（30～150）の58ですから、まずまず健康です。

昔、東邦電力（中部電力の前身）の社長をやり、「電力の神様」といわれた松永安左エ門が言ってるんですよ。

「次の三つのうち、一つを経験すればひとかどの人物になれる」と。「一つは命にかかわる大病をすること」「一つは浪人生活を送ること」これは無職だな、「一つは捕まること」と。これはいわゆる政治犯ですね。私なんか、当時の状況からいえば政治犯ですから。

私は、この三つとも経験したわけです。

28 ここは後出しジャンケンだ――新党大地で政界カムバック

今考えると、世の中の空気というのは面白いもんですよ。鈴木宗男事件とはなんだったのか、という世論に変わっていく。

私が捕まった当時は、「逮捕しろ」の大合唱だった。しかし半年が過ぎ、1年が過ぎると、「おいおい、人を殺したわけでも強盗したわけでもない。しかも領収書を切った金で捕まって、なんでこんなに長く勾留されるんだ？　これは鈴木の言うのが正しいんじゃないか」

という空気が生まれてきた。

やはり信念を曲げずに筋を通すことによって、カムバックの元になったんですね。あの悪魔の囁きを受け入れていたら、国会に戻ることはなかった。

そして平成15年秋、ガンを告知されて選挙を断念する。ここでまた世の中に同情の空気が生まれてきた。437日、勾留されたことも異常だけど、出てきたら今度は命にかかわるガンだ、と。

ガンで入院したとき、いろんな人から激励をいただいた。「ガンは治る病気です。手術を受けて早くカムバックしてください」とか、同じガン患者から「もう私は時間との闘いです。これも運命と思って受け入れています。しかし鈴木先生には、いま一度カムバックして北方領土問題を解決してください」と。このメッセージに涙したものだ。

私がなぜまた走るようになったかというと、ガン患者に少しでも勇気を与えようと思ったから。宇佐美さんの皇居マラソン大会に出て走ったら、スポーツ誌も大きく扱ってくれたし、「先生から勇気をもらいました」というようなありがたい言葉をたくさんいただいた。

今でも、駅や空港など人通りの多い場所で、奥さん方から「もう胃ガンは大丈夫ですか」とか「お身体は大丈夫ですか」と声をかけられる。

命にかかわる病気をして、世の中の空気が変わりました。とくに、以前の鈴木宗男は女性の支持が弱かったですよ。それが、病気という天の配剤だな。天の配剤によって、鈴木宗男のイメージが変わり、女性の支持を得られるようになった。だから世の中はなにが起こるかわからないし、諦めてはいけない。

手術した翌年4月、札幌に野中広務先生を講師に呼んで、セミナーを開いた。平成15年秋の衆議院出馬はガンで断念した。16年になり、北海道では7月に行われる参議院選挙に鈴木宗男を出そうという雰囲気になっていたんです。

支持者は、「2回続けて選挙に出ないと、名前を忘れられても困る」という意見なので、私も立候補しようと思った。セミナーの前日、野中先生と食事をしたが、野中先生は意外なことを言った。

「鈴木さん、今、選挙に出たら、また足を引っ張られる。検察、警察はなにをしてくるかわからんぞ。些細なことで選挙違反とか事件を作っていく。ここは自重だ」

私は出るつもりだったから、慌てて松山千春さんを電話で呼び出した。千春さんはこう言ってくれた。

「野中先生、当選するかどうかははっきりいってわかりません。ただ、次の衆議院選挙につなげる票は取ります。ここは任せてください。絶対、恥をかく票は取りません」

きっぱりと言った。すると野中先生も、

「松山さんがそう言うのなら、もう松山さんにお任せします」

と答えた。

私と千春さんの計算は、参議院で50万票取れれば、必ず次の衆議院につながるというものだった。衆議院の比例では、30万票取ればひとりは当選ですから。

残念ながら参議院選挙では落選した。しかし、十分な手応えがあった。48万5000票取っての負けですから次につながる。15年に衆議院選挙があった。16年の参議院選挙を経て、次は18年頃。この時点から2年後に衆議院選挙が行われるだろう。タイミングとしてはちょうどいいという計算だった。

ところがなんと、参議院選挙の翌年8月、小泉純一郎総理が衆議院を郵政解散するわけですよ。これまた神風だった。いやビックリしましたよ。

解散する必要のないときに、解散してくれた小泉総理は、鈴木宗男の国政復帰にとってはいい人でした。私にチャンスを与えてくれたわけだから。本当になにがあるかわからん。やはり人生は、生きていると逆転もあるぞ、と私は思った。

ここはチャンスを生かすかどうか。こちらは1年前の選挙で50万票近く取っている。その勢いはまだ残っているわけですから、灯はともっている。

そこで、参議院の場合は個人で立候補して、有権者に私の名前を書いてもらえばいいけども、衆議院の比例では北海道では最低3人の候補を立てる必要があった。そこで私は考えた。新党を作ろう。地域政党を作って3人立てよう、と。それなら勝負ができる。

ただし、勝負するからにはインパクトがないといけない。政党名は松山千春さんに考えてもらう。政策的なことは、佐藤優さんに札幌に来てもらい、考えた。短期決戦ですから、何をテーマにやるか。

ここは、アイヌの問題だ、と。いわゆる権力によって差別や蔑視されてきたアイヌ民族、北海道の先住民族だ。この権利確立と、北方領土問題の解決とをつなげよう、これで勝負しようと考えたわけです。

ところが、政党名がなかなか決まらない。女房なんかは、「あんた、出るなら早く名前を浸透させせないとダメです」と慌てているわけですよ。2人の候補者はすで用意した。しかし千春さんは、「宗男さん、ここは待て」と言うんです。

あのとき、郵政民営化に反対した綿貫民輔さんらはすぐに国民新党を作った。だけど1週間も話題がもたなかった。投票日は9月11日。松山さんは、「だから、宗男さん、ここは後出しジャンケンだ」と言うんだね。

あのときの千春さんはやっぱり勘がよかった。新党というのはインパクトがあるんですよ。あのときいろんな政党が出てきたけれど、千春さんがギリギリまで引っ張った。うちは一番遅かったんですよ。

千春さんは、「新党大地」と命名してくれた。

あのとき、みのもんたさんが、朝の番組で北海道から中継してくれるというので、このときも千春さんの知恵を借りた。みのさんの番組は朝5時半からやっている。最初、6時くらいに出てくれないかという話だった。千春さんはこう言った。

「宗男さん、6時半ではダメだ。誰も見ていない。ここは8時出演で調整したほうがいい、ここはチャンスを活かすしかないんだ」

それと千春さんが考えたのは、ワイドショーとスポーツ新聞だった。一般の全国紙だと1回取り上げて終わるけど、スポーツ紙は必ず後追いするからそれを活かせと。それにはまずワイドショーだというんだね。朝の番組に出たら、2、3日話題が続く。それで十分浸透できるんだと。

それは千春さんの計算通りでしたよ。選挙告示までたった10日間ぐらいだったんですが、結果的に43万票取れたんですからね。

これで私は国会に復帰した。7期目の当選だった。

第5章

「どん底」刑務所暮らしから政界復帰へ

29

とにかく前向きに考えるべし——ひたすら折り紙で鶴を折った　刑務所生活①

平成22年9月7日最高裁が上告を棄却、不本意ながら懲役2年の刑が確定したので刑務所に入ることになる。

私の事件は東京地検案件なので、関東圏の刑務所となるわけだ。そこで、弁護士が検察に当たりをつける。私がお願いした古畑恒雄弁護士は矯正施設に精通した弁護士で大変助かった。弁護士が検察と相談しながら、収容先を決めていくのです。

私は約1年3カ月勾留されていたわけだから、その分だけ2年から差し引かれてもいいはず。取り調べ期間中は未決にならんというなら、最初の3カ月しか取り調べがなかったのだから、本来1年認められていいんですよ。それが7カ月しか認められなかった。これも裁判所と検察が相談して決める。司法も検察も国策捜査、あるいは権力側におもねっていると思います。

そして私は12月6日、東京高検に出頭した。10日間東京拘置所にいて、12月16日の朝、出発。その前日、「明日移動だ」と拘置所の係官から告げられた。しかし、行先については「明日の朝、通知する」と教えてくれないわけだ。

翌朝、栃木県の喜連川だと言われた。関東圏で唯一の民間刑務所。弁護士が検察に当たってくれていた通りになった。ガンの手術を受けたということも考慮されたかもしれない。

医者の診断書に3カ月に1回は胃カメラ検査が必要と書いてあったので、これも認めてくれた。刑務所から宇都宮市にある大きな病院で受けさせてくれた。

東京拘置所から喜連川まで高速道路を使って1時間半かかった。護送車に乗り、私ひとりだけで3人の刑務官が同乗した。

両手に手錠を掛けられていた。今更、騒いだり逃げたりなんかしないわけだから、腰紐で十分だと思うんだな。胃カメラで病院行くときも手錠。片手手錠で検査受けるわけだから。凶悪犯だったら別だけどね。

護送車がだんだん東京から離れていく。しばらく東京の景色は見れんな、と感傷的な思いはあったが、喜連川なら面会なんかも来やすいし、その点はありがたいと思った。民間刑務所には初犯しかいない。平均3年以下といいますから。刑務所内では番号でなく名前で呼ばれる。社会復帰は早い。

部屋は4畳の独房だった。畳1枚分が洗面所とトイレになっている。学生時代は三畳だった。それに共同便所。ここは自分ひとりで使える。とにかく前向きに考えることにした。

ただ、12月16日に移ったものだから、寒いのにはまいった。山の中にありますからね。収監をもう少し先に延ばして、暖かくなってから入ればよかったと思ったくらい。

いつ出頭するかは私が決められたんですよ。病気になっているし、延ばすことはできた。しかし私は計算した。正月を家で過ごしたら仮釈放が逆に延びるのではないか、と。正月の時期でも刑務所に入ったというのは、それなりに心証を良くして、早く仮釈放されるんでないかと考えた。

子供の頃の生活を思えば、寒さなんてたいしたことないが、やはり歳をとって身体がなまっているからね。よく北海道の人は寒さに強いといわれるけれど、これは火の気があるから。暖房なし、というのはキツイんですよ。

年末に入所したから仕事はまだなかった。毎日、部屋で折り紙で鶴を折らされました。小学生以来だね。綺麗に折れたものは使い物になる。それを買う業者がいるわけだ。千羽鶴にするんだね。

刑務官がこうやって折るんだと指導してくれた。最初は、なかなかうまく折れない。形が悪いと業者が引き取ってくれないから、朝8時から、ただひたすら折っていた。ちんたらちんたら、時間稼ぎみたいなもんだった。もう集中しますね。余計なことは考えない。教わってから5日後には綺麗に折れるようになった。

刑務所の一日は、朝6時50分起床、7時に朝食。8時から仕事が始まる。10時から10分間の休憩。12時に昼飯。12時半から午後4時半までまた作業です。5時から夕食で、6時すぎに部屋に戻れる。午後9時に消灯。

消灯でなくて減灯だな。刑務官が巡回して、部屋でなにをしているか確認するから。笑い話でね、逮捕されて拘置所に入ったとき、「電気明るいから消してくれ」と係官に言ったんですよ。「いや、先生、ルールでございますから」と言われた。だからもう慣れたもんだったけど、拘置所よりは暗かったから寝やすかった。

民間刑務所だから、食事のメニューは非常によくできていた。毎日違って、いろんなものが出る。朝は週2回、納豆が出る。けんちん汁、焼き海苔、梅干し、豚肉と大根の煮物、ごま塩、卵のスクランブル、海苔の佃煮、ふりかけ、青菜とツナの煮物、鮭のフレークなどなど。

楽しみなのは、土曜の昼にパンが出る。このコッペパンがうまいんだな。週1回スパゲティが出たり、うどんが出る。カレーも必ず出ます。

ただ食事は東京拘置所が一番うまいと言われております。

民間とはいえ造りは普通の刑務所と変わらない。ただ、壁面がクリーム色でまったくアパートみたいな建物になっているので精神的には落ち着きますね。

作業着も普通なら囚人服はグレーを想像するが、喜連川は上下、作業帽とも緑。グリーンだから新党大地のカラーだと自分に言い聞かせましたよ。

室内では黄色のポロシャツ。夏は半袖、冬は長袖にジャンパーも支給される。ズボンは綿パン。まさに上下ともユニクロ製品だった。そのまま外出できる服ですよ。

社会復帰が早いから、いつでも対応できるようにという配慮なんだろうね。部屋にはテレビがあるし、ラジオも聴ける。そこが普通の刑務所と民間との違いだった。

30 猫をかぶってぶつかるな

——年寄りの世話の最中に大地震　刑務所生活②

平成23年1月13日、部屋を移った。病棟といわれるエリアです。そこは風邪をひいた人とか作業中に怪我をした人が短期間、入院するところだった。そういった人がだいたい常時40人ほどいた。

そこで私は衛生係になった。作業の内容は配膳。これは刑務所の中でもエリートなんですよ。クリーニング、プレス、図書整理などいろんな作業があるが、衛生係というのは信用がなければなれない。食事の分配だから公平でなければならない。

この衛生係は私も含めて4人いた。喜連川には2000人近く受刑者がいる。鈴木宗男がここに入ったというのは皆知っているが、刑務所としてはなるべく受刑者に会わせたくないという配慮があったんでしょう。病棟にいる人は、1、2週間で入れ替わる。たいした数じゃないからね。それに何か起こっても困るが、衛生係には四六時中、刑務官がついていますから。

この病棟エリアは、前の房と比べて天と地の差があるんですよ。なにしろ冷暖房完備ですから。夏はクーラーが効くし、冬は暖房がつく。前は寒くてたまらんかったけど、これはありがたかった。部屋の広さは同じだけど、畳部屋から今度はベッド。これは楽でした。

手紙のやりとりは自由にできる。ただし、こちらから出すのは月に4回まで。しかも1回につき便箋7枚までと決まっているんです。

だから私はこの4回の手紙は有効に使って、週刊プレイボーイと東京スポーツ、月刊宝島の連載があったから、原稿を送っていた。おそらく連載物をやった受刑者は私が第一号じゃないかな。後に堀江貴文さんが週刊朝日で連載していましたが、「鈴木さんを見習ってやりました」と言っていた。

私の係は365日休みがなかった。毎日、食事配りがあるからです。ところが私にとってよかったのは、休みがなくて日が経つのが早く感じられたことです。ボーっとしている暇がない。

忙しかったですよ。作業が終わり部屋に戻ると本を読んだり新聞のチェックをしたり。手紙を書き、連載物の原稿の内容を考えたりね。もう時間が足りないくらいだった。

おかげさんで私には、手紙が1日5通以上来たんですよ。佐藤優さんは、全部で４０２通くれた。だから孤独感とか疎外感はまったくなかった。

病棟では、配膳だけでなく2人ほどお年寄りの世話もした。80歳を超えてたと思うが、自分でお風呂に入れないので、車椅子に乗せてお風呂に連れて行く。

平成23年3月11日、ちょうどお年寄りをお風呂に入れようとしている最中に、あの大地震が起きたんです。もし車椅子がひっくり返ってケガでもさせたら大変だから、本当にもう渾身の力で車椅子を守ったな。

そのとき、バスタブの波がすごかった。もう50センチくらい跳ね上がるんですからね。私は震度5まで経験したことがあるけど、喜連川は震度6弱。

あそこは地盤がしっかりしているし、建物にヒビが入ることも停電もなかった。それよりビックリしたのはね、食事が時間通りに出た。それで私はすぐ配膳して。これやっぱり安心感を与えるんですね、規則通りだと。遅れると心配になるから。なるほどと思いましたね。

お年寄りの背中を流したりもした。私は親父やお袋の世話をしてこなかった。これも親孝行か、と。これも意識改革でね、ここで親孝行ができると思うようにした。

ひとりは病気で手が震える。その人が、

「大臣なされた方に身体を洗ってもらうなんて申し訳ないことです」

と恐縮するわけだ。私は、

「いやいや、私の仕事ですからなんも心配いりません」

と。

下の世話の手伝いもやった。お漏らししたときには専門の介護士が来る。その手伝いをした。老人といってもひとりじゃ介護できない。2、3人で身体をひっくり返して世話をする。これもいい勉強になった。長期間の受刑者だと、希望すれば介護士の資格も取れるんですよ。研修を受けてね。

この衛生係でよかったのは、毎日、風呂に入れるんですよ。土日以外は。なぜかというと、衛生係は清潔にしていないとダメなのです。病人と接するし、食事も配る。これは役得だった。

人の背中を流すのも全然気にならなかった。ある実業家だった受刑者からは、

「いや鈴木先生、私は同情します」

と言われた。病棟では比較的好意的に接してもらっていた。

特に、彫り物を入れてる人たち。彼らは礼儀が良かったですね。私が食事を配る、洗濯物を回収する、そうしたとき、直立不動でちゃんと応対する。非常に礼儀正しかった。

午前中と午後、1回ずつ、お茶を配って歩く。刑務官がつかない時部屋を回ると、若い受刑者は週刊プレイボーイ、年配者はアサヒ芸能をとっている場合が多い。プレイボーイには私が連載しているので、皆雑誌を指さし、「出てるだろ」「頑張れ」ってポーズを作ってくれるのです。

アサヒ芸能には佐藤優さんがコラムを書いていて、そこにも必ず鈴木宗男が出てくるわけです。年配の受刑者はそのコラムを指して、「頑張れ」と、好意的な態度でした。中には「選挙、応援するぞ」と言われ、「よろしく」なんてね。「ところであんた、何年経った?」と聞くと、「あと3年か4年いないとダメかもしれません」と言うから、「それじゃ間に合わんぞ」とハッパをかけたりね。そういう人間的なつながりもあった。

私が刑務所を出る頃になると、皆だいたいわかるんだね。風の便りでしょうな。「先生、頑張ってください」というのが多かった。

刑務所に入って感じたことは、やはりなにが一番かといえば、自由の尊さですね。

特にあの地震のとき、一番心配したのは家族のことだった。あの日、地震の1時間前、次男と秘書、弁護士が面会に来てくれていた。帰った後だったから、たぶん高速道路走っている頃に地震だったと思う。高速から落ちたんじゃないかと心配で心配で。だけど塀の中じゃ確かめようがない。

あのとき、郵便局はすごいと思った。夕方5時、刑務所から緊急発信してもよいと許可が出た。安否の確認で特別に手紙を出してよい、と。私はすぐに速達を出した。「家族、親戚は大丈夫か」、と。

地震のあったのは金曜日。その翌日の土曜には自宅に届いていたわけですから。次男も気を利かせて、電報を寄越した。全員心配ない、と。2日目には届いた。それでホッとして安心して寝られた。

大惨事だったことは、ラジオで知った。東日本の岩手から仙台が、津波で大変だということは。テレビは映らなかった。刑務所が動揺を与えないよう配慮したのかもしれない。次の次の日、リアルタイムでテレビの映像が流れるようになった。作業は1週間、停止になった。

あの3月11日まで、私には、なんでこんなところにいなければならないのか、と悶々としたものがあった。しかしその日を境に、意識がまた変わった。

「おれはまだ命があるぞ」

というように。こんなありがたいことはない。「よし、1日も早くここを出ることだ」と決意した。

6月に松山千春さんが来てくれた。そこでまた勇気をもらった。

「宗男さん、今おれ、全国ツアーしてるけど、どこへ行っても震災復興で『こんなとき宗男さんがいれば』という声が多い」

と励まされた。

「宗男さん、とにかく刑務官にごますってでもいいから、1日でも早く出ろ」とも言ってくれた。これまた、まったくその通りだと思ったものです。

もちろん立派な刑務官もいるが、なかには行儀の悪い刑務官もいた。しかし、ここは我慢をしてぶつからないようにしていた。いずれ外に出たら法務省に指摘しようと思って、名前は控えておいた。

獄中で私は考えていました。早く出たとしても、私は公民権停止ですから、ここは政党を作るしかない、と。公《おおやけ》の政党を作るためには国会議員5人必要なのです。

私の秘書で国会議員になった浅野貴博、松木謙公、石川知裕の3氏までは計算できた。とにかく誰でもいいからあと2人を探さんといかん。だから毎日、国会便覧を見て、誰がいいか考えていた。そういう意味では夢があった。

31

施せば必ず返ってくる――仮釈放　私の賞味期限はまだ残っている

平成23年12月6日に仮釈放になった。

刑務所では、普通、午前9時くらいの出所だが、大騒ぎになっては困るという配慮から、8時に出ることになった。しかし、すでにマスコミが50、60人は来ていると言われた。取材のヘリコプターまで飛んでいた。

刑務官から言われました。

「今、出所するときに騒がれるのは、先生と司《つかさ》忍《しのぶ》さん（山口組6代目）くらいなものです」

確かにそうかなと思ったら、「そこで先生にお願いがあります」と、こう言われた。

「マスコミが門の外にたくさん来ておりますが、先生のことだから車を止めて応対する。これだけは先生、やめてください」

私は、この刑務官に大変よくしてもらっていたから了解した。

刑務所には、次男と秘書の赤松真次、浅野代議士が迎えに来てくれていた。

収監されてからちょうど丸1年。東京に戻ってすぐにホテルの床屋に行って散髪した。次に普通ならこちらから出向くのですが、矯正協会の担当者がホテルに来てくれたので会った。仮釈放ですから、その期間中の監督とかいろいろ説明があった。その後に参議院会館で記者会見をした。

そして驚いたのが、夕方5時から国会議員有志で「お帰りなさい会」を開いてくれたこと。森喜朗先生が一番最初に来て、「いや鈴木さん、ご苦労さん」と挨拶。時間がないからと言って握手だけして別れたけど、その後、小沢一郎先生、亀井静香先生、鳩山由紀夫先生、伊吹文明先生、国会議員が150人くらい来てくれた。

だから家に帰るのが遅くなって、午後10時頃になってしまいました。

当時は民主党政権でしたが、私に対する世論もずいぶん好意的に変わっていました。「お帰りなさい会」も新聞・テレビが全国版で扱ってくれた。

そして出所した次の日、小沢一郎先生に会った。そこで「私は政党を作ります」と伝えた。小沢先生は「やれ、鈴木さん。人が足りないときは貸すぞ」と言ってくれた。

ところが年末になってから、小沢先生から「鈴木さん、政党を作るのはいいけど、おれのグループには手を突っ込まないでくれ」ときた。「小沢先生も気のこまい人だな」という感じをもちながら、これは自前で集めるしかないと思った。

衆議院は、松木、浅野、石川の3人でいいが、あとの2人だということで、参議院から平山誠氏が来てくれた。「おれは鈴木さんの生き様が好きだ」と言っていた。あとひとりがなかなかいない。何人かに当たったが、協力は得られなかった。最後に横峯良郎さんが入ってもいいということになった。

私は、とにかく5人必要なので、横峯さんはありがたかった。そしたら反対意見が出てくる。横峯さんを入れてまで政党作る必要ないのではないか、と。

女房の反対が一番きつかった。松山千春さんも「宗男さんは頑張る政治家、働く政治家というイメージがある。宗男さんのイメージが悪くなる」と心配してくれた。

ところが、実際に横峯さんに会ってみると真面目な男だった。賭けゴルフとか賭けマージャンとか悪い話ばっかり出るけど、実際に会ってみると違うんだ。娘のさくらちゃんもプロゴルフで頑張ってるし、最初は慎重論だった女房も横峯さんに会ってみてすっかり横峯さんの人柄に納得した。

私は国会議員にしばらくなれない。ここは政党を作ってやっていく。国会議員を5人集めれば、公党として政治活動ができる。選挙にも仲間を出せる。黙っていたら忘れられてしまう。ここはもう政党を作るしかない、と考えていたわけですね。

結局、ありがたいことに、私が初めて選挙に出たときから応援してくれた人たちはもちろん、新しい多くの人たちが今も支えてくれています。

ムネムネ会の連中も、今でも私のところに来ていますから。

あのとき、議員辞職勧告決議案が国会に出されたとき、反対すれば若い連中、皆叩かれるわけですから。私は野中先生を通じて、

「私のことは気にするな、正々堂々と賛成の起立をしろ」

と伝えた。連中も、私には世話になった、申し訳ないという気持ちもあるけれど、やはり選挙という大きなハードルがあるから、心を鬼にしてでも鈴木と一線を画さにゃならん。私はそれを十分理解していたから、裏切られたという気持ちはありませんでした。

女房にいわせれば、「あんなつまんない連中に何億のカネを配ってるなら、私によこしてくれれば、あんた何回捕まっても心配なかったのに」なんて言われましたが、「そうじゃないんだ」と。

「施しをしとけば必ず返ってくる。だから今のおれがあるんだ」と思う。私は、今はまだ現状維持するのが精いっぱいです。それでも付き合ってくれるというのは、昔からの人間関係があったからなんです。

私が刑務所にいる時の9月21日、主催者たる私が不在にもかかわらず「鈴木宗男を叱咤激励する会」が開かれました。ちょうど台風15号の直撃の時間帯でしたが、多くの人がびしょ濡《ぬ》れになりながら、駆けつけてくださりました。その席で、松山千春さんと佐藤優さんが出席してくださった皆さんに土下座をして、感謝をしてくれたと次の日に報告を受け、ただただ涙したものです。このことは毎日新聞平成23年10月22日付け、岩見隆夫さんの「近聞遠見」に書いてあります。ありがたいことですよ。やはり人間関係だ。

私は刑事被告人でありながら2回、選挙で当選しました。そして、民主党政権のときに、私は衆議院の外務委員長に就任しました。刑事被告人が公職に就いたのは私が初めてです。

私を指名した理由は、おそらく鈴木宗男ならその経験において、外務省に一石投じることができると判断したのだと思う。だから私は沖縄返還の密約問題を認めさせ、外務省の官邸への上納金問題も明らかにした。

このとき私が心配したのは、週刊誌はじめメディアの反応だった。ところが逆に、世論は鈴木ならば何かやるのではないかと期待感が膨らんだ。これで私は逆にホッとした。と同時に、これでまだ私の賞味期限は残っているぞ、と思った。

刑務所にいた1年間で悟ったことが3つある。

1つめは、信念を持って生きること。自分がぐらついたら周りもぐらついて、誰もついてこなくなる。何があっても信念をもって生きる。そこに生きる道があると悟った。

2つめは、やはりひとりでは生きていけないということ。家族、友人、仲間がいると頑張れる。私は政治家ですから、仲間といえば後援者。私はいい後援者に恵まれた。友人といえば生涯の心友・松山千春さん、生涯の戦友、佐藤優さんがいる。家族も心配ない。

3つめは、目に見えない力で生かされているということ。万物の霊長、ご先祖様、両親に感謝するという思いをもった。

私は親父のおかげで中川先生に出会い、政治家の道を歩んだ。お袋は、私が国会にカムバックする前の年、平成16年4月6日に亡くなったけど、「母ちゃんは悪いことをする子供は産んでない。だから宗男、もう一回国会へ行け」と、亡くなる一週間前の言葉は今も胸に刻んでいる。

東京に出るとき、親父が馬を売ってくれたおかげですから。それに大誉地の大自然。マイナス35度まで経験してますから、喜連川も寒かったけど、子供の頃に比べればずっといいわけです。

私はいつも家に帰ったら神棚を拝み、仏壇に線香をあげてお参りする。それから朝夕、手を合わせる。

子供たちは「お父さんほど信心深い人はいない」と言います。そして「これだけ神様仏様にお参りしていて何故、捕まったんだ?」という話になった。

私はこう言った。

「拝んでいるからこの程度で済んだ」と。

そう言うと子供たちも納得してくれました。

テリー伊藤さんは、「鈴木さんは北海道のダイハードだ」と言ってくれたけれども、私は天国と地獄を経験した。あるいは波瀾万丈以上にですよ。なんと表現していいかわからんくらいの人生だったと思う。

しかし、まだ私は「生きていれば逆転もある。生きていればよいことがある」と思っています。生きている限り、生涯政治家をまっとうしたいと思っているんです。

32 向こうがウサギならこっちは亀でいい——義理人情の八角親方

松山千春さんともうひとり、同じ北海道出身で忘れてはいけない人がいます。それが八角親方（元横綱・北勝海）。親方との付き合いは今も変わらず続いています。

もともと八角親方は、中川先生と同郷、十勝の広尾町の出身だった。

中川先生は、第52代横綱・北の富士さん（現相撲解説者）と交友があり、その縁で千代の富士の後援会の名誉会長をやっていた。第61代横綱・北勝海、現八角親方は、まだ保志といっていたが、入門した時からの付き合いです。このとき私は中川先生の秘書で、先生から、「二人は面倒みれんから、鈴木君、お前が保志をみてくれ」と言われた。その頃から私はずっと付き合ってきた。

そのときにはまさか横綱になるとは思ってなかった。ただし、ひたむきさというか、光るものがあった。

これも因縁ですね。保志より1年先に相撲の世界に入ったのが大乃国。芽室町の出身で、大乃国が大関になったときに、中川昭一氏が後援会長になるんですよ。

私、中川先生の秘書のとき、大乃国が松山千春さんのファンだということで、千春さんのコンサートに連れて行ったこともあるんです。大乃国の後援者をよく知ってたもんですからね。

保志は、ちょうど私が初当選した年の昭和58年3月に十両。7月場所で十両優勝して

9月に幕内入り。12月に私が初当選してから正式に後援会を立ち上げ、私が後援会長になった。

保志は大関になって北勝海というしこ名にする。当時は大乃国の方に勢いがあって、横綱間近だとみられていた。私は15歳、序の口のときから北勝海の世話をしていますから、向こうはウサギでいいから、こっちは亀でいいんだと、今に見てろという思いでふたりで頑張ったものですよ。

そしたらなんと、北勝海が大乃国よりも半年早く横綱になるわけですから。

三段目の頃だったか、羽織を着てきたのはいいけど、虫に食われて穴があいてるんだわ。黒マジックでそこだけ塗ってわからないようにしてるんだな。言うのはかわいそうだから黙っていた。ところが、横綱になったとき、その話をしたら、「いや、先生、気がついていましたか」と。「気がついていたけど、お前に失礼だと思ったから黙ってたんだ」と言ったら、向こうは向こうでわかってたんだな。

もう涙が出たのは、横綱になって明治神宮で奉納土俵入りした。その後、紋付羽織袴で部屋に帰ってくる。このとき北勝海は、きちっと正座して私に挨拶した。

「先生、おかげさまで今は100万円のご祝儀をもらえる立場になりました。しかし、昔、先生からもらった1万円が尊うございます」

と。これには感激しました。

私がまだ秘書だった頃、事務所のカネは使えないから、自分の小遣いの中で、ジンギスカン腹いっぱい食べさせてた。なにしろ人の倍食べますから。

当時は5、6000円ですんだのですが、保志が、気を遣って「鈴木さんもどうぞ」なんて言うんですね。私は懐具合があるから食べないわけですけどね。そして1万円やって、保志はそれで喜んで帰っていったものですから。

中川先生が亡くなって、私の最初の国政選挙。保志の地元は中川先生と同じで、ここは中川昭一さんが圧倒的に強い。それでも保志のご家族は私を応援してくれましたよ。

あと北の富士さんね。中川先生にお世話になったけれども、やってくれたのは鈴木さんだということで応援に来てくれた。

北勝海が横綱になってから、私は彼を連れて大蔵省の主計局に陳情に行ったことがあるんですよ。北勝海の地元、広尾に高速道路を作る、その予算を付けてもらうためにね。天下の横綱ですから、大蔵省の役人は大喜びですよ。もう予算付けますとかいって、仕事そっちのけで主計官なんかと写真撮ったり相撲談義してね。

「お前ら、予算付けなきゃ吹っ飛ばすぞ、そのために今日は横綱連れてきたんだから」なんて冗談いいながらね。あの頃はまだ財政的に余裕があったから、力づくで予算獲得したものですよ。

北勝海は、私が逮捕されようが収監されようが、今も変わることなくつきあってくれています。これ、人間性の問題ですよ。だから千春さんも褒めている。義理人情というか、昔から世話になった人を忘れないという、日本古来の国技、相撲道に通じているわけですね。彼の人間性というのは。

33 是々非々で相手と組んでいく

――平成21年政権交代選挙――民主党と選挙協力

平成23年12月6日、私は保釈された。しかし公民権停止で私自身は立候補できない。

それなりの発言力を持つためには、政党を作るしかないと考え、5人の国会議員を集めて年内に政党を立ち上げた。これで新党大地として選挙はできる。

平成24年12月、衆議院が解散され、選挙となった。北海道から7人出して、結果は比例で1議席しか取れなかった。元小沢一郎氏の秘書だった石川知裕氏が当選。このとき35万票だから、新党大地としての安定した支持は守れたし、もし鈴木宗男が出ていれば、その倍は入るわけですから。私は戦った意味はあったと思うし、ともかく議席が維持できたことはよかった。

しかし石川氏は、政治資金規正法違反に問われた裁判で、平成25年5月16日に上告棄却された。石川氏は翌17日に衆議院議長に議員辞職願を提出し、21日の本会議で可決される。

ここで、石川氏は大きな決断をしてくれた。

来る7月には参議院選挙が控えている。私（石川氏）の議席は新党大地の議席だ。裁判との関係で、その私が新党大地としての選挙の先頭に立てるのか。いや、立てない。ここは私が身を引いて、新党大地に議席をお返ししたい。そういう決断だった。そこで、比例で次の得票者である鈴木貴子が繰り上げ当選になる。

そして7月の参議院選挙。このとき、北海道選挙区から浅野貴博を立てた。定数2。新党大地としてはそもそも立てるつもりはなかったが、森喜朗先生から頼まれた。

自民党からは伊達忠一さんが立候補予定。当選2回で74歳だった。今度やれば80歳だということで、世代交代した方がいいんじゃないかという声が出ていた。それでも伊達さんは安倍派だったから、なんとか北海道をまとめてくれと私も相談を受けた。それで今津寛、吉川貴盛の両代議士にお願いし、伊達さんに決めてもらった。

さらに森先生から相談された。このとき、候補は自民から高齢の伊達さん。民主、みんなの党はそれぞれ40代の候補を立てる。それに共産党が出るわけですから、

「若い候補に話題がいったりして大変だ。鈴木さんのところから候補を立てれば、40万票近い票が取れる。それは伊達にとってプラスなんだ」

と。要するに、民主、みんなの党に流れる票を新党大地の候補で取ってくれというわけです。森先生から頼まれたから私は協力した。浅野は35万票取った。結果、伊達さんはトップ当選した。

私の立場、新党大地の立場は是々非々なんですよ。

話は私の収監前にさかのぼるが、平成21年の政権交代選挙では民主党と協力関係にあったんです。というのも、どう考えても小泉政権のおかげで格差が広がった。弱肉強食の世界になり、しかも地方の切り捨て。郵政の民営化なんてやらんでもいいことをやった。そのあとに続く安倍、福田、麻生3総理とも結果を残せなかった。

そこでここはもう政権交代だということで、舵をきった。「北の大地、北海道から政権交代」というスローガンを掲げて選挙を戦った。このとき、新党大地は民主党と共闘したんです。

北海道の12ある小選挙区で選挙協力をやり、結果は11勝1敗。そもそも保守と革新とが拮抗する選挙区なんですが、これだけの大差がついた。そういった意味では、民主党が政権交代できたのは、これは北海道から流れを変えていったことは事実なんですね。

当時、「鈴木はいつから社会党になったんだ」って批判されましたよ。しかし、民主党というのは社会党ではない。社会党の流れは社民党ですから。民主党には、当時、小沢さん、鳩山さんがいて、今の岡田代表もそうですが、元自民党。要するに保守中道の考え方なんだ、これは私も同じ保守中道だということ。それと平成6年に自民党が社会党の村山富市を担いで首班指名にもっていったことに比べれば、私の判断は常識的でないのか、と。こういう説得をしたらだいたいみなさんわかってくれました。

新党大地は、北海道の地域政党です。理念は、大地に還り、大地に学ぶ。北方領土の問題を解決し、アイヌ民族の権利確立を実現する。これに協力してくれるのであれば、是々非々で相手と組んでいく。

しかし、私が共産党だとか社民党と組んだとなれば、これは鈴木宗男もいいかげんなもんだといわれてもいいけど、民主党は保守の人が中心になって立ち上げた政党ですから。

私は、日本は保守的な考えを持った国家だと思っている。それが今の自民党はちょっと右寄りだ、それでやっぱり中道がいい、穏健な保守というのを国民は期待しているのではないか。私は、そこらへんはバランスというものを十分踏まえて判断しているんです。

政権交代選挙では民主党に協力しました。新党大地が北海道から流れを作ったということで、存在感は増した。私は政権与党で衆議院の外務委員長にも就任した。その後に刑が確定して収監され、塀の中で東日本大震災を迎えた。

塀の中にいて、なお私は政治というものの重み、価値を感じた。未曾有の大惨事ですから、まさに政治というものを最大限発揮すべきときなのに、その政治がなかったことに私は愕然とした。

そんなダメな政権だから平成22年の参議院選挙で民主党が負けて菅直人氏が退陣する。退陣して当然だと思った。私は民主党と協力関係にあったけれども、鳩山さんまではまだ許せる。だけど菅さんの震災の対応、参議院選挙前のTPP交渉参加、あるいは消費増税10%、これには驚いた。これにはついていけないな、と思った。

34 組織の一員として組織の判断に従うべし

——鈴木貴子繰り上げ当選——世襲批判に答える

次に出てきたのが野田佳彦さん。これも民主党の代表選挙を塀の中でラジオで聞いていたのですが、野田さん、海江田さん、前原さん、馬淵さん、４人の中で、野田さんが一番生活感のある、胸に来る話をしていた。

平成24年2月7日、北方領土返還要求の全国大会があり、前年末に保釈された私も出席した。そこに来賓として野田総理も来て、大会の最初から最後までいた。普通、総理というのは挨拶したら、国会会期中でもあるし帰っちゃうんですよね。

最後に政党の代表として新党大地の代表である私が挨拶した。１５００人くらいの参加者に向かって私は言った。

「みなさん方も何回もこの大会に出たことがあると思いますが、最初から最後まで総理がいたのは珍しいんじゃないですか。私は、この野田さんのやる気を評価しているし、みなさん方も野田さんの決意を是非とも理解してもらいたい」

そうしたら大会が終わり帰るときに野田さんが私のところへ寄ってきた。野田さんいわく、

「先生、是非とも時間のあるときは来ていろいろアドバイスいただきたい」

そう言われたものだから、私は、「わかりました」と。

「総理の方で都合が良ければ言ってください」

そう言って別れたら、次の日、すぐ総理から会いたいという連絡が来た。

それ以来、月に1回、野田総理に外交なり内政なり、私の考えを伝えに行きました。

ただ、大誤算だったのが11月の党首討論会。まさか解散の約束をするとは思わなかった。

あれはまったく解散するタイミングじゃなかった。民主党にとっては、小沢さんが消費増税に反対して党を出て行ったりした状況ですから。

こちらも慌てて選挙準備するしかなかった。民主でもない自民でもない、うちは独自の戦いだったわけです。結果、民主党の惨敗、自民党の一人勝ち。うちは新党大地として石川知裕氏が惜敗率で比例で当選。1議席は守れた。これはよかった。

先に触れたが、その後に石川氏が辞職して、繰り上げで鈴木貴子がバッジを付けた。

ここで世襲批判についてお答えしておきましょう。

「鈴木宗男は、中川一郎の後継として、息子の昭一の立候補を世襲だといって批判した。そう言っていた本人が、娘に世襲するとはけしからん」

という声もあろうかと思う。

私の世襲の考え方はこうです。政治家である親が亡くなった。たまたまその後釜として、本人が政治家志望でもなく、親も政治家にさせたくないと思っていたのに世襲にする。いわゆる位牌選挙。これはダメだという話なんですよ。

政治家の子弟でも、本人が志をもって秘書になったり、役所やマスコミ関係に就職して将来、政治家になることを希望している、私は、それならば民主主義の枠の中にあって批判するものではないと思っている。

私が批判した世襲は、たまたま私の選挙区では、中川昭一さんがそうだったということ。日本興業銀行に勤め、中川一郎先生も政治家にはさせないと言っていた。それがたまたま親が死んだということで、周囲に担がれてポッと出てくる。これはいかがなもんでしょうか、ということだった。

鈴木貴子の場合は別のケースです。私は現職の議員じゃなかったし、しかも地盤でいえば、私はもともと十勝の人間ですから。貴子は別の選挙区で出てます。私は小選挙区導入後の選挙で、党にいわれて7区（釧路根室管内）に国替えしたんですよ。

国替えするっていうのは大変なことです。先祖の墓も置いて故郷、主たる地盤を離れて戦うわけですから。小選挙区に変わった平成8年の選挙で、当時、幹事長だった森先生から「鈴木さん、すまん」と土下座して国替えを頼まれたんです。「中川昭一君がまったく聞く耳をもたない」と。

私はコスタリカ方式（選挙ごとに小選挙区と比例区を交代する方式）でもいいと思っていた。しかし、中川昭一氏は絶対にダメだと。

私は「党のために決断します」と国替えを泣く泣く受け入れた。ひとつには、かつてひたすらお仕えした人の息子さんに対する礼儀だという気がしたんですよ。それと当時、政治家としては私の方が余裕があった。ポスト的にもずっと主流を歩いてきていたので、懐を深く構えたといってもいい。ましてこのとき私は副幹事長で選挙を仕切る立場でもあった。

やはり政党人として、ここは組織の一員として組織の判断に従うという決断をした。その決断が、中川昭一氏と同期当選でありながら、のちに1年早く大臣になったということにもつながっていったと思う。

とはいえ、ムダな情けとか恩をかけちゃいけませんね。なにかのとき、じゃあ、その鈴木宗男の情けや恩を、ちゃんと義理があるという思いで返してくれるかといえば、この世界はないですね、やっぱり。

私が逮捕されたとき、昭一さんやお母さんは、逮捕されてよかった、これで安泰だ、みたいな発言をするわけですから。

35 子供のしつけは女房次第——平成26年衆議院選挙——北海道7区の「225事件」

うちの娘は、小さいときから「私はお父さんの秘書になる」「お父さんは英語ができないから、私が英語の勉強をしてお父さんの通訳をする」と言っていました。

小さいときから演説会で演説したりして、地元では「貴ちゃんが一番お父さんに似ているね」とよくいわれていた。

ただ、本人は父親が逮捕されなかったら政治家にはならなかったでしょう。捕まらなければその後私は順調にいったと思うし、娘は娘で好きな道を歩いたでしょうね。

カナダ留学や就職先としてNHKを選んだのも本人の判断だった。娘は長野放送局におりましたが、居心地はよかったと本人は言っていました。

平成24年12月の衆議院選挙に、貴子は北海道7区から立候補した。娘は、「父親から出ろと言われたら私は出なかった」と記者会見でも言っています。

私の後援会の人たちの熱意が大きかった。この選挙、鈴木宗男は立候補できない。何人か候補はいたけれどもシンボル的な軸がない。「ここは貴ちゃんしかいない」という声が挙がっていくわけです。貴子は政治家に向いている、と。

私は「出ろ」とは一切言っていない。やはりこの世界、生き馬の目を抜くくらい厳しい。大変な権力闘争の、ある種、戦場に娘を送り込むのは父親としてどうか、と。腹の底で娘は政治家に向いているという思いはあったとしても、「さあお前行け」という決断はできなかった。

女房は私以上に反対でした。やはり鈴木宗男の生き様を見て、個人を犠牲にしても公のために働かないといけないわけですから、普通の家族、親子関係は作れない。今の時代の政治家はドライに割り切って連休だ、お盆だと休むけれど、私も女房も団塊の世代ですから、ひとつの道に賭けるというか、まっとうしようとする責任感がある。

女房は私が365日働いても1回も文句を言ったことがない。子供たちにも、それがお父さんの仕事なんだ、当たり前なんだとしつけてきましたから。これまた女房には大変感謝しているんです。

私が逮捕される直前、うちで家族で食事をした。長男がポツリと言いましたね。

「お父さん、失うものも大きかった。お父さんの政治生命とか経歴としては計り知れないダメージだった。でも、家族として、子供として考えれば、こんなことになってやっと家族で食事ができたんだから、お父さんね、悪く考えないで。ものは考えようだって」

子供なりに励ましてくれたんだろうし、私もホッとしたものです。そこまで考えてくれる子供だったということに、ね。

そういうこともあったから、女房は、娘には平凡な生活をしてもらいたかったんじゃないだろうか。女の幸せは、結婚し、しっかり家庭を守る、旦那を支える、と考える世代ですから。

しかし、私を最初から支援してきてくれた人たちは、「やはりここは鈴木貴子だ」とエールを送る。松山千春さんも「貴子しかいないぞ」と説得する。これだけの人が支持してくれるのは鈴木貴子への期待、これはないがしろにできない重い話だと本人も思ったのでしょう。

本人はずいぶん悩んだそうで、女房からあとで聞いたら1週間で3キロやせたという。最終的には娘の判断で出馬を決めた。それが選挙の告示1週間前。

このときの選挙では、他に冬季五輪スケート金メダリストの清水宏保さんなど7名の候補を立てたが、貴子も含め小選挙区では全員落選。惜敗率で比例区から石川氏が当選した。石川氏辞任で国会議員になった貴子にとって、その次の選挙は平成26年12月の衆議院選挙だった。このときは北海道7区から民主党公認で立候補した。

自民党から出ないか、という話もあったんですよ。森喜朗先生も心配してくれまして。ところが町村信孝氏や道連会長の伊東良孝氏が絶対ダメだと反対し、一顧だにしなかった。ここは勝負するしかない、と。

民主党とは平成21年の選挙でも私は協力しているから下地はあった。民主はいまや保守中道、保守穏健を標榜している。自民党とイデオロギーの差はないし、いってみれば政治手法や手続きの違いがあるだけだ。

ただし、今の北海道を元気にするには、やはり安倍政権が唱える新自由主義ではやっていけない。私は、ケインズ型の公平配分が必要だといっている。それは地方切り捨て、格差の拡がりで選挙民にも理解されたと思うんですよ。

選挙の結果、貴子は落選（比例単独第1位）したけれども、自民党候補とはわずか225票差しかなかった。これは自民党にとって衝撃的で、自民党の北海道支部連合会では今でも「225事件」といっているそうです。

なにしろ選挙期間中に、むこうは安倍総理、伊吹衆院議長、石破大臣、二階総務会長、山口北方担当大臣が応援で入る。小泉進次郎さんはなんと3回も入るんですから。私は、勝負には負けたけど、選挙戦では勝ったと思っている。だからこの次は、必ず結果は出せると手ごたえを感じております。

ここで、親父は新党大地、娘は民主党ということで、わかりにくいと思う人がいるかもしれません。

いまや鈴木貴子は民主党のれっきとした国会議員だ。本籍は新党大地かもしれないが、娘は自分の考えで政治活動をしているし、私も自分の活動とはセパレートして考えている。平成27年1月の民主党代表選挙で、貴子は細野豪志さんの推薦人に名を連ねた。これから政界再編もあるだろうし、貴子には細野さんらと組んで新しい時代を作ってほしいと思っている。

娘は娘ですよ。だから彼女にいわせれば、「お父さん、7区から出るなら受けて立ちますよ」とくるわけだ。

36 陰徳は静かに積んどくもんだ
――「杉原千畝の名誉回復」「対馬丸の発見」「海兵隊訓練の本土移設」は私の誇り

政治家としてこれまでの仕事の中で、もっとも心に残り、「これだ」と誇りに思えるものが3つある。

1つは杉原千畝の名誉回復に尽力したこと。2つめに沖縄の対馬丸の発見。3つめに沖縄の海兵隊の訓練を私の選挙区（北海道）にもってきたことです。

杉原千畝の名誉回復には世界戦略があった。ユダヤ人が日本を理解してくれるかどうかによって、我が国の立ち位置が違ってくる。私は、やはり資源なき国家日本、世界に広がるユダヤ人のネットワークを活用していかなければいけないと思っていた。杉原氏が発給したビザのおかげで命拾いしたユダヤ人で、今や世界の第一線で活躍している人が大勢いる。外務省の反対を押し切って杉原氏の名誉回復を実現したことは、ユダヤ社会からも感謝されています。

対馬丸は、太平洋戦争中の昭和19年8月、沖縄から本土へ学童疎開輸送中、米軍に撃沈され、１４７６人の犠牲者を出した。海底に沈んだまま、戦後も沈没地点を特定されることなく放置されていました。

平成9年9月に橋本龍太郎改造内閣で私が国務大臣沖縄開発庁長官を拝命した際、当時の対馬丸遭難者遺族会の会長から、

「今まで歴代大臣に対馬丸の沈没地点を発見してくださいとお願いしてきたが実現され

なかった。是非、お願します」

と頼まれた。私は、二つ返事で「やりましょう」と請け合った。

ところが厚生省援護局は反対だった。当時の厚生相は小泉純一郎氏。反対理由は、先の大戦で３０００隻の船が沈んでいるのに１隻だけ探せない、というものだった。

そこで私は科学技術庁に働きかけて、深海探査船を出してもらうことにこぎつけた。さらに海上自衛隊を通じ、当時の米魚雷艇の資料を取り寄せた。結果、12月に海底に眠る対馬丸が発見された。53年目にして遺族の思いがかなったんです。

それと前後するが、平成8年12月、私は沖縄海兵隊の県道１０４号線越え１５５㎜榴弾砲《りゅうだんほう》の実射訓練を、私の地元である北海道別海《べつかい》町の矢臼別《やうすべつ》にある演習場に受け入れた。

そもそもは、平成7年2月の村山首相とクリントン大統領との会談が発端だった。この会談では、読谷パラシュート降下訓練の廃止、那覇軍港の浦添移転、県道１０４号線越えの１５５ミリ榴弾砲の実射訓練の本土移設が合意された。

沖縄では県道が主要道路で、そのひとつが１０４号線。米軍は、この１０４号線を越えて榴弾砲の実射訓練を行っていた。訓練の際には危険だから104号線は封鎖される。これが沖縄県民の大きな負担感になっていた。

ところが村山首相は本土移設を約束したものの、移転先を決めないまま、翌年1月に総理を辞めてしまった。私は当時、村山首相と衛藤征士郎防衛庁長官は2人とも大分県出身だから、てっきり大分の日出生台《ひじゅうだい》演習場にもっていくと思っておったが、村山総理、衛藤防衛庁長官とも受けなかった。次に総理になったのが橋本龍太郎先生。平成8年4月にはクリントン大統領が来日する。その前、年内には決めんといかん。

橋本総理も地元に自衛隊基地がないからどうしていいかわからない。困った、困ったといっているので、橋本総理に「私が引き受けましょう」と申し出た。

落選覚悟ですよ。私の地元は酪農地帯ですから、砲弾の訓練をされると牛は驚いて神経質になって乳が出なくなるわけだから。だから酪農家は怒る。反対運動もおこった。

普天間基地の移設問題でもそうですが、移転には賛成しても、誰も自分の選挙区にもってこようとする政治家はいない。

しかし、ここは国益のことを考えなければならない。このとき私は大臣でもない副幹事長だった。橋本総理は最敬礼ですよ。「宗ちゃん、すまん」ということで。

対馬丸、104号線の件で、私は沖縄には大変感謝されている。私が尽力したということは、全国的に知られた話ではないかもしれない。しかし、沖縄の人はわかってくれています。おかげさんで、沖縄では圧倒的に鈴木宗男シンパが多いんですよ。

私は、それでいいと思うんです。なにも自分があしたこうしたと言うより、わかってくれる人がいるということが大切。沖縄では、「鈴木先生、絶対、復活してください」という声があるんだからそれで十分。陰徳というのは、静かに積んでおくものですから。

37

70歳前にもうひと勝負できる

——公民権停止が解けたら——「やはり鈴木宗男出るべし」


平成29年4月末で、公民権の停止が解ける。

私は、生涯政治家だと、従前から言ってるんですね。だから元気なうちは、この新党大地の代表として、政治活動をやっていく。

今の政治を見てどうか。私は、安倍総理もやはり小泉総理の流れを引きずっていると思う。新自由主義、この流れがよくない。

私は、やはり日本は公平配分、均一型が合っていると思う。やはり大都会優先だとか市場原理優先ではない。過度な競争原理ではなく、日本の文化ともいうべき年功序列、終身雇用が必要だと思っている。

労働者派遣法が通って、経営者にとってはいいかもしれんが、一般市民にとってはマイナスですよ。たとえば、若い人が30歳になって結婚する。そして住宅のローンを組みたいと思っても、契約社員じゃローンは組めない。長い目でみればマイナス面が大きいですよ。

私は、やはり地方が、農村をはじめ第一次産業を成長戦略というならば、地方に人が増えれば黙っていても日本は元気になるんですね。成長戦略というならば、地方に人が住みついて、地方の人が多くなってはじめて成長したといえるのではないか。

そして、中小企業の人の給料が上がってはじめて景気回復なんですよ。大企業の一握りの人が潤ったってダメなんです。大企業といっても、その恩恵に預かる人は日本には3%しかいないんですから。やはり大企業の下請け企業の社員の給料が上がって初めて皮膚感覚、肌感覚でわかるようにするのが本来の成長戦略であるべきなんです。

じゃあ、政治家、地方出身の国会議員でありながら、地方のためになることを言っている政治家がいるかといえば、これがいないんですよ。安倍総理の地元の下関だってシャッター通りなんですから。

こうした問題に、私は取り組んでいきたい。北海道から発信して、日本を元気にしたいと思っているんですよ。

新党大地は私が代表であっての地域政党です。私が作った政党だから、これは私が守っていく。鈴木個人商店でないか、という批判はあるかもしれないが、鈴木宗男というビッグネームあっての政党ですよ。

ただし、地元地方議会では、着々と新党大地の推薦候補が当選してますよ。平成27年4月の統一地方選挙の北海道道議選挙では、新党大地から3人の当選者を出した。いままで道議は2人しかいなかったのが、今回、3人まで増えた。このうち2人は私の元秘書。北海道議会は定数104名ですが、新党大地は第3会派（12名）に参加して活動している。

留萌市長、釧路市長はいずれも私の元秘書。市会議員レベルでも新党大地は躍進してますよ。政令指定都市の札幌にもいるし、釧路、網走、北見、岩見沢、名寄、石狩、もうずいぶん増えました。そういう意味では、個人商店ではあるけれど、着実に人材は育ってきているし、新党大地の基盤はできつつあるわけだ。

佐藤優さんいわく、

「小選挙区で、新党大地は当選させる力はない。しかし落選させる力は持っている」

と。自民党でも民主党でも、北海道では新党大地がどっちにつくかによって流れが変わるんです。

「だからなにも心配いりません。鈴木先生は今の信念を持って、鈴木流でいきなさい」

というのが佐藤さんの見立てで、私もそう思っている。

安倍総理は、黙っていればあと3年、平成30年まで任期がある。その3カ月後に衆議院が任期満了となる。

私は現在67歳ですが、どっちに転んでも70歳前にもう一度選挙のチャンスが出てくる。そのとき、北海道民が、「やはり鈴木宗男出るべし」と言ってくれるかどうか。今はやはり圧倒的に「出るべし」という声が強いですよ。

公民権停止が解けるまで、あと1年少しまでそうした声が続いているかどうか。これは北海道民の判断です。「鈴木宗男は一丁上がり」と判断されたら私も終わりだ。そうならないように、きちっと地元密着で頑張る。北海道議なり市長、市会議員なり、勢力を作っていく。

地方選挙で当選してきた彼らは、将来の参議院選挙、衆議院選挙での有力候補ですから。

私は必ず国政に復帰します。その勝算は十分にある。あとは健康に気をつける。そうすれば、70歳前後に、もうひと勝負できると思っているんです。

解説

作家・元外務省主任分析官　佐藤優

鈴木宗男氏が半生について記した自伝だ。この本の特徴は、単に事実関係とその評価について述べるという月並みの自伝ではなく、告白型の文学になっていることだ。告白型とは、古代キリスト教を集大成したアウグスティヌスの『告白』に見られるように、過去の出来事を自らの人生全体の意味と結びつけて書くことだ。同時にそのことが、他者への伝言にもなる。その他者には、著者の死後に生まれてくる人々も含まれる。従って、告白型の自伝は、遺言としての性格を併せ持つようになる。

鈴木氏は、中川一郎氏の秘書をつとめていたときの自身の気持ちについてこう記す。

とにかく私の頭にひとつあったのは、鈴木宗男が人一倍働けば、中川一郎は1番にはなれなくても、2番、3番には絶対なれる、と。そんな想いで働いていました。総理大臣というのは狙ってなれるものではありません。その時の巡り合わせから様々な条件をクリアしてなれるものです。

中川氏は非業の死を遂げる。その背景には、ロッキード事件をめぐる秘密があったと鈴木氏は明かす。

昭和51年12月、第1次福田内閣で中川先生は入閣するはずだったが、石原慎太郎さんが環境庁長官で入り、中川先生は見送られた。これには理由がある。

ロッキード事件が起きた時、全日空の裏金問題が色々言われた。中川先生も、100万円の献金を受けていた。そのお金の主旨を検察は疑っていた。

福田先生は総理になってそのことを知る。福田先生は組閣の時、中川先生を入閣させない理由として、「例の件でね」と中川先生へ遠回しで言った。それは中川先生にとって非常に精神的に重たいことだった。

この話を知っているのは、事務所でも私しかいない。奥さんも知らない。中川先生と私は当時、永田町のヒルトンホテル（現ザ・キャピトルホテル東急）で坪内検事の事情聴取を受けたことがあるのです。

その頃の検察はしっかりしていて、事情聴取の件は絶対外に漏らさなかった。だから一切、表沙汰にならなかったが、中川先生は気をもんでいた。豪快に見えるけれども繊細、気の弱い人だから、頭に円形ハゲができたくらい。

これは歴史的にとても重要な証言だ。

中川氏のもとで現実の政治に参与しながら、鈴木氏は、以下のような独自の人生観を構築する。

私には、工程表があった。30代で国会議員になる。40代で大臣になる。50代で党役員、そして60歳を過ぎてからが政治家として最後の勝負だという思いでいた。

おかげさんで、35歳で国会議員になり、49歳で大臣になった。50歳で官房副長官、51歳で党の総務局長、ここまでは順調にきた。本来、そこらへんから仕上げの段階に入るんだけど、国会議員になってちょうど20年目に逮捕されてしまったんだ。

昔から「出る杭は打たれる」といわれるけど、私は、出過ぎたら打たれないと思っていた。「出る杭は打たれる。出過ぎた杭は打たれない」。ところが「抜かれる」とは計算外だった。「出過ぎた杭は抜かれる」まさにそれだった。

人生には努力と運の要素がある。必死に努力すれば、あるところまでは上昇することができる。その先は、さまざまな偶然の要素、いわば運に左右される。たとえ、不遇な出来事に遭遇しても、そこで腐ったり、諦めたりせずに、真剣に生きていけば必ず道が開けるというのが鈴木氏の人生観だ。この人生観は、ユダヤ教と親和的だ。ユダヤ教徒、キリスト教徒に共通の聖典である『旧約聖書』「コヘレトの言葉」（以前は「伝道の書」と呼ばれた）にこんな記述がある。

何事にも時があり
天の下の出来事にはすべて定められた時がある。
生まれる時、死ぬ時

植える時、植えたものを抜く時
殺す時、癒す時
破壊する時、建てる時
泣く時、笑う時
嘆く時、踊る時
石を放つ時、石を集める時
抱擁の時、抱擁を遠ざける時
求める時、失う時
保つ時、放つ時
裂く時、縫う時
黙する時、語る時
愛する時、憎む時
戦いの時、平和の時。（「コヘレトの言葉」3章1〜8節）

鈴木氏は、「時」を正確に見極めて行動した。それなのになぜ国策捜査の対象となったのか。『旧約聖書』はこう解き明かす。


太陽の下、更にわたしは見た。裁きの座に悪が、正義の座に悪があるのを。

わたしはこうつぶやいた。

正義を行う人も悪人も神は裁かれる。

すべての出来事、すべての行為には、定められた時がある。（「コヘレトの言葉」3章16〜17節）

「裁きの座に悪が、正義の座に悪がある」ことは、現実のこの世界では、残念ながらあり得ることなのである。月並みな人間ならば、「正義の座」に悪があるという現実に直面して、人生を半ば諦めてしまう。しかし、鈴木氏は、いずれこのような状態は是正される「定められた時」があると確信していた。それだから、人間に対する愛と信頼とを失わず、闘い続けることができるのである。

（２０１５年11月記）

ムネオの遺言《ゆいごん》

逆境《ぎゃっきょう》から立《た》ち上《あ》がる37の方策《ほうさく》

２０１５年11月27日　第１刷発行

著者　鈴木宗男《すずきむねお》

発行者　川端下誠／峰岸延也

編集発行　株式会社　講談社ビーシー
東京都文京区音羽１-２-２　〒１１２-００１３
ＴＥＬ　０３-３９４３-６５５９（書籍出版部）

発売発行　株式会社　講談社
東京都文京区音羽２-12-21　〒１１２-８００１
ＴＥＬ　０３-５３９５-４４１５（販売）
０３-５３９５-３６１５（業務）

印刷所　豊国印刷株式会社

製本所　株式会社　国宝社

ISBN978-4-06-219750-2